Andrea & Harald Hesse

Glücksorte im Allgäu

Fahr hin & werd glücklich

Dieses

Glücksbuch

ist für

Liebe Glücksuchende,

groß, weit, vielfältig – so kann man das Allgäu nüchtern beschreiben. Faszinierend, malerisch, mystisch trifft es eindeutig besser. Vor allem aber ist das Land zwischen Wangen und Füssen, Memmingen und Oberstdorf unglaublich reich an überwältigenden Naturschönheiten, malerischen Ortschaften und leidenschaftlichen Menschen.
Das Allgäu ist ein Füllhorn voller Glücksorte. Das haben wir auf unseren Entdeckungstouren immer wieder aufs Neue erfahren.
Und: Trotz guter Vorbereitung jedes einzelnen Trips und dank der erlesenen Tipps von Freunden aus der Region hat es das Allgäu noch jedes Mal geschafft, uns wieder zu überraschen.
Da man sich bekanntlich nicht entscheiden kann, wenn alles so schön bunt ist, haben wir in diesem Buch unsere ganz persönlichen 80 Glücksorte zusammengetragen, die uns auf ganz unterschiedliche Weise beglückt und berührt haben. Um das zu erleben, muss man wahrlich nicht erst in ferne Länder reisen!

Andrea & Harald Hesse

GLÜCK

Deine Glücksorte ...

... noch mehr Glück für dich

Märchenhafter Platz

1 Aussichtspunkt überm Forggensee bei Rieden

Bewegungsmenschen können sich am Forggensee, dem vom Lech durchflossenen Stausee, nach Leibeskräften auspowern. Nahezu jeder Wunsch nach körperlicher Betätigung wird einem dort erfüllt – man kann wandern, radeln und klettern, paragliden, schwimmen und segeln. Klar, dass auch Stand-up-Paddling geht. Allerdings ist der Wassersport zeitlich ein klein wenig begrenzt: Über den Winter wird der flächenmäßig größte Stausee Deutschlands wegen des geringen Zuflusses nämlich fast vollständig abgelassen. Zum Glück erleben aber auch Liebhaber tiefenentspannter Lebensart – deren Aktivitätsdiagramm schon beim Anblick eines pittoresken Landschaftsbildes deutlich messbare Ausschläge zeigt – diese einmalige Gegend als Schlaraffenland. Dazu muss man nur der aus Rieden kommenden St.-Urban-Straße (Achtung: nicht mit dem nahegelegenen St.-Urban-Weg verwechseln!) in Richtung Forggensee folgen. Nach Überqueren der Bundesstraße 16 und auf Höhe des Bioferienhofs „Beim Sima" geht sie in einen unbefestigten Wirtschaftsweg über, der sich nur wenige Meter später verzweigt: Geradeaus kommt man schnurstracks zum See hinab, rechter Hand über einen lang gezogenen Hügel leicht ansteigend zu einem unbeschreiblich schönen Aussichtspunkt. Inmitten saftig-grüner Wiesen stehen hier hölzerne Sitzbänke – Rücken an Rücken – für Naturromantiker und solche, die es werden wollen. Ganz gleich, in welche Richtung man von hier oben auch schaut, da reiht sich ein malerisches Postkartenmotiv an das nächste. Doch am schönsten ist der Blick über den ganzen Forggensee hinweg ins Füssener Land mit seinem markanten Gipfelpanorama. Das verbindet das hügelige Alpenvorland mit dem kalkalpinen Hochgebirge. Auch der Königswinkel ist gut zu sehen – man könnte fast meinen, die Schlösser Hohenschwangau und Neuschwanstein winken einem über den Forggensee zu. Das ist ganz großes Theater, das längst nicht nur bei Sonnenschein und klarer Sicht fasziniert. Die Aufführung ist bei Wind und Wetter grandios – anders gesagt: ein Dauerglück!

TIPP

Der 5 Kilometer lange und leichte Forggensee-Panoramaweg führt auch an diesem Aussichtspunkt vorbei.

● Aussichtspunkt, Nähe St.-Urban-Straße, 87669 Rieden am Forggensee, Ostallgäu
www.rieden.de
● ÖPNV: Haltestelle St. Urban

Schöne Illusion

2 Engellandeplatz auf der Buchel in Marktoberdorf

Georg Christoph Lichtenberg (1742–1799) sollte man in Engelsangelegenheiten besser nicht befragen. Für diese besondere Spezies hatte der Begründer des deutschsprachigen Aphorismus nur wenig übrig, wie ein Zitat von ihm deutlich zeigt: „Wer einen Engel sucht und nur auf die Flügel schaut, könnte eine Gans nach Hause bringen." Als zielführender erweist sich da schon das jüdische Sprichwort, wonach man einen Engel erst erkennt, wenn er vorübergegangen ist. Die einmalige Gelegenheit dazu bietet sich auf der Kuppe der Buchel an. Der Erholungspark, den man auch das grüne Herz von Marktoberdorf nennt, beherbergt den einzigen offiziellen Engellandeplatz im ganzen Allgäu. Nur wenige Gehminuten von der Fußgängerzone in der Georg-Fischer-Straße entfernt erwartet der bewaldete Hügelrücken den Engel suchenden Wanderer. Bereits nach wenigen Minuten gelangt man auf seinen grün bewiesten Kopf, und schon schwebt man über den Dingen – jedenfalls über der Stadt. An diesem erhöhten bildschönen, ja, geradezu paradiesischen Ort scheint alles zum Greifen so nah: der Himmel und – bei Föhn – das Alpenband. Das reicht von den Ammergauer Bergen bis zum Grünten, dem Wächter des Allgäus. Hier oben in luftiger Höhe verrichtet der Engellandeplatz, ein Werk des einheimischen Künstlers Christoph Wank, seit 1997 seinen magischen Dienst: Elf in sich verschobene terrassenartige Ebenen umfassen eine inzwischen gereifte Birke wie einen Tower. Und während die im Wind wedelnden Blätter bei Sonne als strahlende Leuchtsignale der Landebahn fungieren, können die Engel ihre weiß getupften Wolkenschiffe an der mehrschichtigen Baumkrone zwischenparken – bis sie ihren irdischen Auftrag vollendet haben – und dann wieder zurückkehren. Diese Illusion und noch viel mehr an Gefühlen und Eindrücken lässt der malerische Ort zu, wenn man an ihm verweilt – heute, morgen und immerzu. Da reichen sich Ruhe und Gelassenheit behutsam die Hände. Glücklich, wer dort sitzt und seiner Seele Flügel wachsen lässt – ready to take off!

TIPP

Schönes Kleinod: Die an einen Barocktempel erinnernde Wendelin-Kapelle am Fuße der Buchel.

Erholungspark Buchel, Buchelweg, 87616 Marktoberdorf, Oberallgäu
www.marktoberdorf.de/freizeit-touristik/buchel

Erfrischend anders

3 AlpenFreibad in Scheidegg

Ganz besonders das Westallgäu hat der letzten Eiszeit viel zu verdanken: seinen unglaublichen Wasserreichtum. Als es den Gletschern zu warm wurde, zogen sie sich zurück und hinterließen ein Erbe, das wortgewandte Tourismusexperten der Gegenwart „Wasser-Reiche“ nennen. Tatsächlich gibt es hier unzählige Bäche, Flüsse, Seen, Teiche und Tümpel – mal tosend und rauschend, mal still und stumm. Und Quellen – noch und nöcher. Vier davon speisen einen ganz besonderen Schatz mit frischem und reinem Wasser, dass es eine helle Freude ist, stundenweise darin einzutauchen: das AlpenFreibad in Scheidegg. Naturbäder gibt es im Allgäu wahrlich viele, doch keines reicht an dieses heran: Es ist erfrischend anders. Gleich auf mehreren Ebenen bedient und fördert es ein intensives Glücksempfinden. Da ist zum einen seine herausragende Lage: Das Naturbad bietet einen offenen Weitblick auf das grandiose Alpenpanorama des Allgäuer Dreiländerecks. Sodann schmeichelt es der vergnügt schwimmenden Seele mit einem sogenannten Infinity-Effekt: Im scheinbar kantenlosen Naturquellwasserbecken kommt es einem so vor, als könnte man buchstäblich grenzenlos bis zu den imposanten Gipfeln am Horizont gelangen. Doch das ist noch lange nicht genug. Wirklich herausragend ist die liebevolle Gestaltung der ganzen Anlage, maßgeblich auf das grüne Händchen und die Kunstsinnigkeit des Bademeisters Peter Wörle zurückzuführen. Dank seiner großen Leidenschaft und Kreativität lacht den Besucher hier kein öffentliches 08/15-Freibad an. Vielmehr empfängt ihn eine Art botanischer Garten mit malerischen Oasen der inneren Einkehr – und knallbunte Kunstwerke aus liegengebliebenen Utensilien der Gäste: Hier ruhen mit Farbe überzogene Bälle wie Rosenkugeln auf Stelen, dort flankieren lackierte Hüte in kleinen Plexiglasvitrinen den Weg zu Umkleide und Sanitär. Und überall schmücken und beschatten Sträucher, Bäume, Palmenarten und Bambus die Liegewiesen wie einen zauberhaften Entspannungs-, treffender: Glückspark!

TIPP

Auf dem Gelände gibt es einen feinen Kiosk mit Speis und Trank, der passt zum gesamten Flair.

● AlpenFreibad, Forst 113, 88175 Scheidegg, Westallgäu, Tel. (0 83 81) 14 40
www.scheidegg.de/sommer/alpenfreibad
● ÖPNV: Haltestelle Forst Abzweigung

Seltene Kunst

4 Glasmacherdorf Schmidsfelden

Das Handwerk des Glasmachens ist eine hohe Kunst. Sie live zu erleben ein rares Glück. Dazu muss man nicht erst auf die Insel Murano in der Lagune von Venedig fahren. Dieses Erlebnis kann man auch in der Nähe von Leutkirch haben. Dort findet man eines der wenigen erhaltenen Glasmacherdörfer: Schmidsfelden. 1898 war es, als hier, nach über 300 Jahren des Glasmachens, die letzte noch verbliebene von etwa zehn Glashütten im ganzen Allgäu ihren Schmelzofen endgültig herunterfuhr. Dem beherzten Eintreten der Heimatpflege Leutkirch ist es zu verdanken, dass das alte Glasmacherdorf heute mit seinen verschiedenen Gebäuden – darunter das Glasmagazin und Verwaltungsgebäude, die Sägemühle sowie einige Arbeiterhäuser – wieder in historischem und authentischem Glanz erstrahlt. Und mittendrin die imposante Glashütte, die nun als lebendiges Museum fungiert. Seit 2003 arbeitet hier wieder ein Glasbläser und Glasmacher, der das alte Kunsthandwerk mit viel Erfahrung, Geduld und Fingerspitzengefühl ausübt – und während der Saison von Ostern bis Mitte November auch dem staunenden Publikum demonstriert (Termine auf Website beachten!). Das muss man einfach gesehen haben: Wie der Glasmacher aus dem 1200 Grad heißen Ofen das flüssige Glas holt, das wie ein orangegelb leuchtender Honigklumpen an der sogenannten Pfeife hängt, durch die es dann aufgeblasen und mit Werkzeugen aus Holz oder Stahl geformt wird. Das alles geht ganz schnell vonstatten, während die Pfeife in einer Tour gedreht und gleichzeitig ins Glas geblasen wird. Nur eine kleine Unaufmerksamkeit und schon ist alles hin. Da fiebert der Betrachter mit und atmet durch, wenn es gelingt. Ist der Glaskörper – Becher, Kugel oder Schale – fertig, wandert er zum Abkühlen in den stolze 450 Grad heißen Kühlofen, damit das Werk nicht noch zerspringt. Anschließend kann man im Museum alles über das Handwerk und Leben im Glasmacherdorf lernen. Und zu kaufen gibt es die farbenfrohen Stücke der Glasmacherkunst im benachbarten Glasladen.

- Glasmacherdorf Schmidsfelden, Schmidsfelden, 88299 Leutkirch, Westallgäu
  www.schmidsfelden.net
- ÖPNV: Haltestelle Häfeliswald Schmidsfelden

Heimat-Park

5

Alpengarten Pfronten

Selten kommen sich Einheimische und Urlaubsgäste so nah wie im Alpengarten in Pfronten-Steinach. Denn hier sprechen sie nicht nur miteinander, da wird auch zusammen gearbeitet – natürlich auf freiwilliger Basis, von April bis Oktober immer dienstags ab 15 Uhr. Seit mehr als 50 Jahren wird dieser von der Dürren Ach und dem Mühlkanal flankierte kleine alpine Garten Eden – treffender wäre wohl: Park – mit viel Liebe und Leidenschaft ehrenamtlich gehegt und gepflegt. Der Verein „Blumen- und Gartenfreunde Pfronten" und Pfronten Tourismus greifen sich dabei gegenseitig unter die hochgekrempelten Ärmel und Arme. Das kleine botanische Juwel dankt es seinen Helfern und Besuchern mit einer im Jahreslauf wechselnden strahlend-bunten Blütenpracht, an der mehr als 450 – teilweise auch bedrohte – Pflanzenarten des Alpenraums beteiligt sind. Damit bei allem Engagement nicht aus Versehen zu viele Pflanzen Hacke und Messer zum Opfer fallen, ist ein Gärtnermeister zugegen, der mit Rat und Tat hilft. So kann der Besucher auch den einen oder anderen heißen Tipp für den eigenen Garten mit nach Hause nehmen. Neben vielen Blumen, Sträuchern und anderen Gewächsen – überall zeigen Schilder den Namen der Pflanze – hat der Alpengarten aber noch mehr zu bieten. Eine Naturkneippanlage etwa, durch die man barfuß stakt, ein hölzernes Wasserrad und verschiedene regionale Gesteine wie Sandstein, Vilser Kalkstein und sogar Marmor. Nicht zuletzt ist der zauberhafte – und kostenfrei ganzjährig zugängliche – Alpengarten auch nur zum Entspannen und Genießen da. Über die gesamte Parkanlage verstreut finden sich an teils sehr idyllischen Plätzen Ruhebänke. Da kann man die Stille und Schönheit des Gartens in sich aufnehmen und wirken lassen. Oder man schlendert die schmalen, begrünten Wege entlang, lässt den Alltag einfach Alltag sein und das seelische Gepäck los, das einen vielleicht belastet. Das alles entlastet und entschleunigt zugleich – mehr braucht der Mensch nicht zu seinem Glück.

TIPP

Am Alpengarten kann man in den schönen, 10 Kilometer langen Rundweg „Kleine Pfrontener Talrunde" starten.

- Alpengarten, Krokusweg, 87459 Pfronten-Steinach, Ostallgäu
- ÖPNV: Haltestelle Steinach Kirche

Auf Wunsch und nach Maß

6 Lederschneider in Bad Hindelang

Wenn man mit geschlossenen Augen diese Werkstatt betritt, weiß man sofort, woran man ist. Und fühlt sich augenblicklich geborgen und gut. Ein wohltuender Duft liegt in der Luft, der angenehme Geruch von Leder. Das allein ist schon ein großes Glück – denn wo findet man heute noch sämisch gegerbtes Hirschleder und lohgares Rinds- und Kalbsleder zur Auswahl aufbewahrt? Genau hier, in Bad Hindelang. Bei Leder Klaus Bensmann, der sich Lederschneider nennt, alles von der Pike auf kennt – das Ledergerben und das Lederverarbeiten – und für seine Kunst brennt. Er fertigt alles auf Wunsch und nach Maß. Sobald man mit ihm ins Gespräch eintaucht, ist er in seinem Element. Nicht nur sein Gesicht spricht dabei Bände. Etwa von alten Techniken nordamerikanischer Indianer – Klaus Bensmann lernte sie 1980 in Kanada kennen. Damals entflammte seine Liebe zu dem uralten Handwerk. Das beherrscht er wie nur noch wenige, vor allem aber macht es ihm bis heute Spaß. Vor über 30 Jahren hat er zusammen mit seiner Frau das Geschäft am Ort aufgebaut, seit 25 Jahren ist es in dem Gebäude zwischen Ostrachstraße und dem gleichnamigen Illerzufluss untergebracht. Geschützt in einem Innenhof heißt es den Besucher mit opulenter Fensterfront willkommen. Dahinter öffnet sich ein Raum, der Werkstatt, Materiallager und Verkauf umfasst – und die handwerkliche Meisterschaft dieses Fachmanns demonstriert. Von der Decke hängen riesige Pergamente, getrocknete Rohhäute von Hirschen, die er zu Fellen für Trommeln verarbeitet. Auf 2 Meter großen Holzrahmen sind Felle gespannt, vor denen sich kurze und lange Lederhosen, Westen, Jacken, Kleider und Taschen präsentieren – wunderbare Ergebnisse seiner Hände Arbeit. Auch jede Menge Gürtel in unterschiedlichen Längen, Messerscheiden, Handy- und Gürteltaschen, Beutel und viele weitere Accessoires sind dort zu sehen – selbstredend alles handgemacht und aus Leder. Für Klaus Bensmann ist das Allgäu, Bad Hindelang und seine Werkstatt ein Glücksort – für den Besucher auch!

● Leder Klaus Bensmann, Ostrachstraße 38, 87541 Bad Hindelang, Oberallgäu
www.kb-leder.de
● ÖPNV: Busbahnhof Bad Hindelang

Verborgene Schatzkammer

7

Prädikantenbibliothek in Isny

Die alte Reichsstadt Isny im württembergischen Allgäu ist ein besonders hübsches Kleinstadtjuwel. Über 1000 Jahre stecken in ihren teils dicken Gemäuern mit den Wehrtürmen, die vor blauem Himmel und zackiger Alpenkulisse eine wunderbare Skyline zeichnen – nicht modern, dafür historisch. Unweit von Schloss Isny, dem einstigen Benediktinerkloster inmitten der Stadt, gibt es einen atemberaubenden Glücksort, einen sensationellen Schatz: die Prädikantenbibliothek – gut verborgen über der Sakristei. Man muss sich schon ziemlich weit bis zur nördlichen Chorwand in die Nikolaikirche vorwagen, um auf die kleine handgeschmiedete Eingangstür dieser Kostbarkeit zu stoßen. Dahinter führt eine steile Treppe durch einen sehr schmalen Gang hinauf. Und schon steht man in der Studierstube des Predigers, wie sie 1475 eingerichtet worden ist. Anders gesagt: Man macht von der Türschwelle einen Schritt und beamt sich sofort über 500 Jahre zurück. Nur 5 mal 5 Meter misst der Raum, sein Fußboden ist mit Terrakottafliesen ausgelegt. Unter dem mit Fresken und mehreren Medaillons verzierten Kreuzgewölbe stellen zwei Stühle, ein Tisch, ein Wandschrank und viele Stehregale das Mobiliar – und natürlich Bücher über Bücher. Von großen Folianten bis zum niedlich-handlichen Exemplar, mehr als 2000 Schriften in 1200 Bänden – jahrhundertealt. Sogar eine Gesamtausgabe von Martin Luther ist dabei, wie auch Schriften von Ulrich Zwingli, dessen Einfluss das protestantisch gewordene Isny besonders prägte. Doch auch medizinische, juristische, historische und geografische Werke gibt es dort. Umgeben von so viel Geschichte meint so mancher Besucher, den Atem derselben zu spüren. Doch was hier so muffig anmutet, rührt von den vielen Hopfenblüten her, die verstreut hinter allen Büchern liegen und wie eine natürliche Klimaanlage die Feuchtigkeit im Raum regulieren. Der kennt übrigens eine Heizung nur vom Hörensagen. Den Geruch wird der Besucher schnell vergessen, die Prädikantenbibliothek nie.

TIPP

Die 740 Meter der ehemaligen Befestigungsanlage mit hölzernen Wehrgängen sind ein Must-see!

● Prädikantenbibliothek in der Nikolaikirche, Kirchplatz 1, 88316 Isny, Westallgäu
www.isny-evangelisch.de

● ÖPNV: Haltestelle K.-W.-Heck-Straße (Gymnasium)

Von Blümle bis Älplerglück

8 Sellthürner Käskuche in Sellthürn

Man muss schon eine gehörige Portion Glück haben, um über die Sellthürner Käskuche zu stolpern. Wenigstens bedarf es eines versierten Tippgebers, der die kleine Bergkäserei im Herzen des Allgäus kennt. Obwohl sie auf einer sanften Anhöhe am östlichen Rand des Illertals thront, liegt sie gut versteckt in einem kleinen Weiler, in dem gerade einmal 80 Menschen wohnen. Außer der Bergkäserei samt Sennereiladen, die Rudi Gmeiner seit 2006 zusammen mit seiner Frau Marlene in Eigenregie betreibt, ist da nicht mehr viel. Nur noch zwei Landwirte mit ihrem Hof und Vieh sowie eine Handvoll Häuser – das war's. Drum herum viele Hektar Weideland und in einigem Abstand kleinere Wäldchen. Inmitten von Sellthürn hat die Käserei ihren angestammten Platz. Davor hat sich ein silbern funkelnder Edelstahltank breitgemacht. Dort kommt allmorgendlich die melkfrische Heumilch hinein, die von neun Bauernhöfen aus der näheren Umgebung stammt. Daraus stellt der Käsemeister tagtäglich die köstlichen und aromatischen Rohmilchkäse-Spezialitäten her – an die 20 Sorten umfasst das Angebot. Weißes Shirt und Hose, weiße Gummistiefel und weißes Käppi auf dem Kopf – so steht Rudi Gmeiner in der Kuche, da ist er in seinem Element. Und spricht er von seiner Arbeit, strahlt er übers ganze Gesicht. Über 30 Jahre geht er bereits mit dem Naturprodukt um, doch ausgelernt, das betont der leidenschaftliche Käser, hat er trotz aller Erfahrung nicht, weil sich die Rohmilch in gewissem Maß übers ganze Jahr verändert – das im richtigen Moment auszugleichen, ist die Kunst. Davon kann sich jeder Besucher ein eigenes Bild machen. Immer donnerstags um 11 Uhr gibt es eine Sennereiführung, an der man auch unangemeldet teilnehmen kann. Da erfährt man, wie Käse entsteht – und die Löcher hineinkommen. Anschließend geht's nach nebenan in den Sennereiladen zur Käseprobe. Da liegen sie, die Prachtkerle – saftig, duftend und in leuchtendem Gelb. Auch der Blümle, der Heuhupfer und das Älplerglück sind dabei. Da möchte man am liebsten sofort hineinbeißen!

TIPP
Unbedingt das Holzofenbrot probieren! Das duftet herrlich nach Kräutern und gibt es nur hier.

● Sellthürner Käskuche, Sellthürn 11, 87634 Günzach, Ostallgäu
www.kaesealp.de

Grün-gelbes Blütenmeer

9

Blühende Löwenzahnwiesen im südlichen Allgäu

Wer zwischen April und Mai die Allgäuer Landschaft durchstreift, wird Augenzeuge eines grün und gelb leuchtenden Farbenspiels, das über alle Wiesen verläuft. Im Angesicht massiver Berge inszeniert sich die voralpine Region wie eine locker-flockig aufgeworfene und überaus farbenfrohe, ja, geradezu knallvergnügte Naturkulisse. Die wirft einem am laufenden Band unvergessliche Bilderbuchbilder wie ein Projektor an die Leinwand – schön, schöner, am schönsten. Wohin man sich auch bewegt, wohin das Auge reicht – überall zwischen Wangen, Isny, Buchenberg, Memhölz, Nesselwang, Waltenhofen, Immenstadt und Ofterschwang flimmern den schaulustig-staunenden Flaneur auf allen Grünlandflächen Abermillionen von kleinen gelben Sonnenschirmchen an. Wie ein gigantisches, wogendes und bis an den Horizont reichendes Meer aus Löwenzahnblütentupfern, in das man am liebsten kopfüber springen möchte, um sich rücklings stundenlang treiben zu lassen. Lebensechter und überzeugender könnte dieses ausdrucksstarke Bild kein noch so begnadeter Landschaftsmaler mit Farbpalette und Pinsel auf seine Malerleinwand bannen. Nur für wenige Tage und Wochen im Jahr ist dieses zauberhafte Schauspiel im herrlichen Allgäu zu sehen. Ein schier endlos scheinendes Gemälde, das mit seiner überwältigenden Dimension jede noch so große Ausstellungshalle überfordern würde. Der einzig zulässige und angemessene Präsentationsraum, in den dies irdische und himmlische Kunstwerk passt, ist sein ursprünglicher Platz – das Naturmuseum Allgäu. Mit kindlichem Staunen begegnet man diesem Teppichgrund aus blütengelbem Löwenzahn, gibt sich seinem unablässigen Werben hin und tankt die verbindende Kraft. Das ist beste Vollwertkost für die Seele, die im Sekundentakt an Leichtigkeit gewinnt. Ein Augenschmaus für Romantiker, eine Augenweide für Genießer. Spätestens jetzt huscht ein verschmitztes Lächeln ins vollkommen glückliche Gesicht.

- Löwenzahnblüte, zwischen April und Mai, überall im südlichen Allgäu

Dorf der Freien

10 Dorfplatz in Eglofs

Westlich von Isny und östlich von Wangen liegt das zur Gemeinde Argenbühl gehörende Dorf Eglofs. Mit seiner überaus beschaulichen Lage, der es den Beinamen „Fenster im Allgäu“ verdankt, und dem denkmalgeschützten Ensemble um den historischen Dorfplatz stellt es mühelos manch anderes Örtchen in den Schatten, das nassforsch von sich behauptet, das schönste im Allgäuerland zu sein. In der Nähe des munter vor sich hin plätschernden neugotischen Brunnens steht das einstige Amtshaus der Vogtei, in dem heute das Rathaus residiert – mit dem für die frühe Neuzeit belegten Siegel der „Bürger in Eglofs“ überm Eingang. Daneben der gelb leuchtende Gasthof zum Löwen und das neu erbaute Elgass Allgäu-Hotel an seiner Seite, das sich harmonisch ins Gesamtbild fügt. Und gleich gegenüber Hotel und Gasthof zur Rose, das um 1700 schon eine Schankwirtschaft war und dessen Fensterläden verschiedenste Wappen tragen. Nicht zu vergessen das Badhaus, Musikmuseum und die Barockkirche St. Martin mit ihrem das Rathaus überragenden Turm. Doch Eglofs hat noch mehr zu bieten: Die dezent stolze Brust dieses zauberhaften Kleinods unter der Westallgäuer Sonne schmücken gleich zwei Edelmetalle des „Unser Dorf soll schöner werden“-Wettbewerbs: Gold gab's vom Land, Silber vom Bund. Der Lorbeer steht dem charmanten 1600 Seelen zählenden „Dorf der Freien“, wie es sich geschichtsbewusst nennt. Schließlich haben es sich die Eglofser bereits 1243 viel kosten lassen, um nur dem damaligen Kaiser und keinem anderen Herrn untertan zu sein. Während die meisten Bauern seinerzeit ihr Dasein als Leibeigene fristeten, durften die Eglofser sich – wenigstens teilweise – als Freie betrachten: Sie mussten keine Frondienste leisten, konnten ohne Genehmigung heiraten und – ganz wichtig – waren sogar in der Gerichtsbarkeit vertreten. Wer sich mit diesem Wissen dann noch den Panoramablick oberhalb Eglofs über die ganze Alpenkette und den Osterwald hinweg gönnt, wird diesen Glücksort für immer in seiner Erinnerung tragen.

TIPP

Bei einem Espresso auf der Terrasse des Gasthofs zum Löwen den Dorfplatz in Ruhe genießen.

- Eglofs, Dorfplatz, 88260 Argenbühl-Eglofs, Westallgäu
  www.eglofs.de
- ÖPNV: Haltestelle Eglofs

Gasthof zum Löwen von Jose

Ein Natursee für alle!

11

Großer Alpsee bei Immenstadt

Nahe Immenstadt, auf halbem Weg zwischen Kempten und Oberstdorf, liegt der Große Alpsee, der seinem Namen alle Ehre macht. Inmitten von Wiesen, Wäldern und Bergen hat er es sich mit einer Fläche von mehr als 300 Fußballfeldern richtig gemütlich gemacht. Mit seiner westöstlichen Lage im Konstanzer Tal ist er der größte Natursee, den das Allgäu zu bieten hat. Und wie es sich für ein Gewässer dieser Größe gehört, steht er für alle nur denkbaren Spielarten der Freizeitgestaltung bereit. Vom Stand-up-Paddling und Kiten übers Surfen, Tret- und Ruderbootfahren bis hin zum Segeln, Angeln und natürlich Baden – ideal für Familien mit Kind, das Ufer ist sehr flach – ist sommers alles dabei. Und über den Winter, wenn ihn der gefrierende Dauerfrost so richtig beim Wickel packt, heißt der eisige Riese Schlittschuhläufer und Langläufer sowie Skater um sich herum aufs Herzlichste willkommen. Fortlaufend mit Frischwasser gespeist wird der im hellen Sonnenlicht grünlich-blau schimmernde Pool von der insgesamt 21 Kilometer langen Konstanzer Ach, die erst ihn, dann den Kleinen Alpsee und noch das benachbarte Immenstadt durchfließt, um schließlich in die Iller zu münden. Doch ist dieses bildschöne Naturwasserbad zum Glück nicht nur für den Menschen da – auch vielen Pflanzen und Tieren, die hierzulande nur noch sehr selten anzutreffen sind, gewährt er ein überlebenswichtiges Asyl. Gerade das macht den Großen Alpsee so einmalig und wunderbar. Und was die wenigsten wissen: Hier gedeihen herrliche Orchideen- und Seggenarten, ebenso Trollblumen, Seerosen, Fieberklee und Mehlprimeln nebst buntem Schachtelhalm und stengellosem Enzian. Sogar gelbe Schwertlilien entfalten ihre leuchtenden Blüten. Auch gefiederte Freunde haben den Großen Alpsee zu ihrer Heim- und Brutstätte erkoren, darunter Wasserrallen, Hauben- und Zwergtaucher, Blässhühner, Rohrammern, Schilfrohrsänger und der kobaltblau- bis türkisfarbene Eisvogel. Man könnte auch sagen: Großes Alpseeglück!

TIPP

Die Siedelalpe (vom Parkplatz Schlettermoos 30 Minuten) bietet eine geniale Aussicht (Mittwoch Ruhetag).

● Großer Alpsee, 87509 Immenstadt, Oberallgäu, www.alpsee-immenstadt.de
● ÖPNV: Haltestelle Hub Hotel Rothenfels

Kleines Kino, ganz groß!

12 Filmburg – Das Theaterkino in Marktoberdorf

Marktoberdorf hat verdammt viel Glück, was viele – doch längst nicht alle – wissen. Dabei bespielt es schon seit mehr als 60 Jahren den heimeligen Ort und brachte allerhand Filmgrößen wie Audrey Hepburn, Juliette Binoche und Mario Adorf auf die Leinwand der Stadt: die Filmburg, ein Kino, wie man es schöner nicht malen kann. Bis heute bezaubert es seine Besucher mit dem ihm eigenen Charme. Am 30. Dezember 1955 fängt alles an. Der Film „Die Deutschmeister" läuft zur Eröffnung über die Leinwand: Vor einer Alpenkulisse ziehen in Trachten gehüllte Menschen beschwingt und singend über Bergwiesen ins Tal. Vorneweg, zwischen zwei jungen Frauen, die ebenso junge Romy Schneider. Kein cineastisches Highlight, als „Unterhaltung ohne Tiefgang" geht er in die Filmhistorie ein. Aber das alles zählt an jenem Abend nicht, die Hauptrolle spielt ein anderer Star: das Kino selbst, eine architektonische Sensation. Seither hat sich das Gesicht von Marktoberdorf ziemlich gewandelt, nur die Filmburg, seit 2008 unter Denkmalschutz, steht unverändert da – so ein Glück! Unweit des Ortskerns in der Gschwenderstraße öffnet sich ihr stilvoller Eingang dem interessierten Publikum wie ein strömungsgünstiger Schiffsbug mit schwungvoll behütendem Vordach. Unter dem betritt man über sechs Stufen das nostalgisch anmutende Foyer mit der kleinen Bar und den wenigen Tischchen. Seine wohlig-warme Atmosphäre wird nur noch vom dahinter liegenden, goldgelb gehaltenen ovalen Kinosaal getoppt – ein Juwel von Kino, das man gesehen haben muss. Das zu bewahren, dem hat sich Monika Schubert, seit 1983 Leiterin der Theaterschule mobilé, mit einer Reihe von Filmenthusiasten verschrieben. Als dem Kino vor 20 Jahren das Aus drohte, die bisherige Betreiberfamilie Bloching ging in den Ruhestand, sprangen sie in die Bresche und retteten das Kleinod. Seither bespielen im Theaterkino Filmburg auch andere Künste die Bühne – nicht nur für Cineasten gibt es ausgezeichnete Kost, auch für Theater- und Musikfreunde steht Feines auf dem ausgesuchten Programm.

- Filmburg – Das Theaterkino, Gschwenderstraße 7, 87616 Marktoberdorf, Ostallgäu, Tel. (0 83 42) 4 01 85, www.filmburg.de
- ÖPNV: Bahnhof Marktoberdorf

filmburg
SWIMMING WITH MEN

Oben auf Wolke 7

13 Eishotel am Nebelhorn

Orte, an denen man in dunkler Nacht und bei wolkenlosem Himmel Millionen von Sternen über sich funkeln sieht, gibt es einige im Allgäu. Einen Ort wie die IgluLodge aber gibt es nur ein einziges Mal – ein Dreiergespann aus Hotel, Restaurant und Bar in 2000 Metern Höhe. Allerdings nur im Winter – und auch nur für eine Nacht. Das buchstäblich coolste Hotel am Nebelhorn, unterhalb der Bergstation, öffnet seine Iglu-Zimmer erst am 27. Dezember – Wände, Möbel und Betten, einfach alles ist aus Eis und Schnee. Bis in den April. Dann findet die Saison ihr natürliches Ende: Sobald sich die Außentemperaturen zielstrebig über den Gefrierpunkt erheben, beginnt das Eishotel zu schmelzen – Jahr für Jahr gehen so 3000 Kubikmeter gefrorenes Wasser dahin. Sobald man sein Iglu betritt – die Größen und Übernachtungspakete variieren – fühlt man sich in einer ganz anderen Welt. Jedes Iglu ist ein Kunstwerk für sich, von Westallgäuer Künstlern geschaffen. Fantasievolle Eisskulpturen und Wandverzierungen leuchten den Kost- und Logisgast in bunt wechselnden Farben strahlend-warm an und schaffen augenblicklich eine gemütliche Wohlfühlatmosphäre. Auf dem großzügigen Schneebett mit einer dicken wärmedämmenden, schaumstoffartigen Schicht erwarten kuschelige Rentierfelle samt Expeditionsschlafsack den Besucher zur glückseligen Iglu-Nacht. Das kleine Schwarze und sein männliches Pendant sollte man beruhigt im heimischen Schrank lassen – Winter(sport)kleidung ist hier der angemessenere Dresscode. Der Weg zu Restaurant, Bar und Sanitär gestaltet sich recht kurz, das Höhenklima im halbrunden Vorhof der IgluLodge ist bei früher Dunkelheit durchaus knackig. Ein ganz besonderes Erlebnis verspricht hingegen das entspannende Bad im Whirlpool bei 38 bis 40 Grad Wassertemperatur unter sternenklarem Himmel. Und nach einer kleinen Wanderung mit phänomenalem Sonnenuntergangsblick munden Glühwein und Allgäuer Käsefondue besonders herrlich, bevor man sich glücklich bettet – und auf Wolke 7 wähnt.

- IgluLodge, Nebelhorn 1, 87561 Oberstdorf, Oberallgäu, Tel. (0 83 21) 80 03 00 www.iglu-lodge.de
- ÖPNV: Auffahrt mit der Nebelhornbahn

Stadt mit Profil

14 Magnus-Blick in Füssen

Füssen ist nicht nur die höchstgelegene Stadt Bayerns, sie ist vor allem umringt von himmelstürmenden Hochgebirgsgipfeln, vom typischen Allgäuer Hügelland und von dem aus Tirol kommenden Lech. Doch zuallererst ist Füssens altstädtischer Kern das reinste Schatzkästlein – mit Glücksorten prall gefüllt. Selbst mit verbundenen Augen, das ist nicht zu verhehlen, könnte man diese nicht verfehlen. An allen Ecken und Enden läuft man ihnen buchstäblich über den Weg. Betörend ist beispielsweise der sogenannte Magnusblick, den man nach Überqueren der Theresienbrücke von einer Holzbank aus in aller Ruhe genießt. Wie ein vollmundiger Rotwein mit jedem Schluck ein wenig mehr von seinem Aroma gewährt, so erschließt sich auch dem Betrachter erst nach und nach die ganze Schönheit der altstädtischen Kulisse, die er nur hier vollends wahrnimmt. Nirgendwo sonst stellt sich das pyramidenförmige Profil Füssens so eindrücklich dar: Ganz oben auf einem Hügel über der Stadt thront das gotische Hohe Schloss, das zu den am besten erhaltenen mittelalterlichen Burganlagen Bayerns zählt. Dort residierten die Fürstbischöfe von Augsburg jahrhundertelang während der Sommerfrische. Gleich darunter, unterhalb des Schlosses, macht sich das Kloster St. Mang breit, dessen Name weit zurück auf seine Ursprünge im neunten Jahrhundert verweist. Damals kam der spätere Heilige Magnus von Füssen als Missionar, um seines Amtes zu walten. Ihm folgten weitere Mönche, dann immer mehr, die ein Dach überm Kopf brauchten. So entstand am Ende das Benediktinerkloster St. Mang auf dieser Welt. Das nötige Kleingeld dafür haben die Augsburger Bischöfe großzügig berappt. Ganz unten erst schließen sich die relativ kleinen Bürgerhäuser an, die bis an den Lech reichen. Aber, und jetzt kommt's, was bei Tage betrachtet bereits fulminant wirkt, steigert sich mit einsetzender Dämmerung und dem nun beleuchteten Klosterareal zum zauberhaft-romantischen Highlight des Glücks.

TIPP

Vom Uhrenturm des Hohen Schlosses aus hat man einen super Blick auf Füssen und Umgebung.

● Magnus-Blick, Tiroler Straße Ecke Lechhalde, 87629 Füssen, Ostallgäu
● ÖPNV: Haltestelle Tiroler Straße

Grenzenloses Naturerlebnis

15 Baumkronenweg in Füssen-Ziegelwies

Man muss nicht erst über den Wolken fliegen, um die grenzenlose Freiheit zu erleben, von der Liedermacher Reinhard Mey erstmals 1974 in seinem bis heute beliebten Evergreen gesungen hat. Auch auf dem 480 Meter langen und bis zu 21 Meter hohen Baumkronenweg Füssen ist dieses Gefühl zu haben, und zwar grenzüberschreitend vom österreichischen Tirol ins bayerische Ostallgäu – und umgekehrt. In luftiger Höhe verläuft er seitlich der türkis-blau herüberwinkenden Fluten des Lechs und über den Wipfeln des im Flusstal auf weich-lehmigem Boden dicht stehenden Auwaldes. Seit 2013 reckt und streckt sich der barrierefreie Weg über eine Entfernung von 80 bis 100 Metern von einem Stützpfeiler zum nächsten – hin und her. Dazwischen wirken enorme Kräfte von je 1900 Tonnen, was einem Gewicht von 48 Lastwagen entspricht. Sobald man sich auf seine – beidseitig durch Geländer gesicherte – lärchenhölzernen Planken begibt, beschleicht einen schon nach wenigen Metern ein beschwingt-heiteres sowie leicht schwankendes Gefühl. Das durchströmt den Körper in sanften Wellen von den Füßen bis in die Haarspitzen hinauf – ein bisschen wie ein alkoholfreier Schwips! Wer diese Wahrnehmung nicht scheut, wird umgehend belohnt. Entlang des gesamten Höhenwegs kommt man in den unglaublichen Genuss wirklich grandioser Aussichten auf wild umtoste Kiesbänke des Lechs, auf (je nach Jahreszeit) schneebedeckte Alpengipfel und eine Melange aus abgestuften Grüntönen der imposanten Mischwaldkronen. Das ist ganz großes Kino für die Seele. Am besten, man lässt sich viel Zeit, um diese überwältigenden Bilder in Ruhe und tiefenentspannt aufzunehmen. Die vielen Sitzbänke auf den vier Aussichtsplattformen laden beständig dazu ein. Alle Eindrücke zusammen entpuppen sich am Ende als ein grenzenloses Naturerlebnis. Das trägt man auch dann noch wie einen Glücksschatz in sich, wenn man das Walderlebniszentrum Füssen-Ziegelwies mit seinem Baumkronenweg schon längst wieder verlassen hat. Also nix wie hin!

TIPP

An Ort und Stelle sind der Bergwaldpfad, der Alpenrosenweg und der Auwaldpfad lohnenswert.

- Walderlebniszentrum Füssen-Ziegelwies, Tiroler Straße 10, 87629 Füssen, Ostallgäu, Tel. (0 83 41) 90 02 21 50, www.walderlebniszentrum.eu
- ÖPNV: Haltestelle Ziegelwies Walderlebniszentrum

Dinner mit Fernsicht

16 Gondeling mit Alpspitzbahn in Nesselwang

Manchmal muss man den Erdboden buchstäblich hinter sich lassen, um in einen einmaligen Glücksgenuss zu kommen, den es so im ganzen Allgäu kein zweites Mal gibt – außer man bucht das schwebende Schlemmermahl mit umwerfender Aussicht gleich noch einmal. Dieses lukullische Erlebnis ist nur im Luftkurort Nesselwang – auf halber Strecke zwischen Kempten und Füssen – zu haben, und das auch nur von Juni bis August. Das Event hat sogar einen Namen: Gondeling. Am südlichen Rand der Marktgemeinde, dort, wo die sanft hügelige Voralpenlandschaft auf die Berge trifft, wartet die Alpspitzbahn auf ihre Gäste von nah und fern. Die trägt sie in zwei Schritten erst zur Mittelstation (1193 Meter) – hier steigt man um – und dann weiter zur Bergstation auf 1463 Meter. Etwas mehr als 2 Kilometer legt das Luftgefährt dabei zurück, wofür sie gerade einmal 15 Minuten braucht. Doch ganz so hoch hinaus geht es mit dem gondeligen Festschmaus nicht, hierzu reicht die erste Etappe. Sodann macht das an der Einseilumlaufbahn hängende mobile und geschmückte Bistro eine 180-Grad-Wendung, und schon geht's wieder bergab. Jedes Mal beim Passieren der Talstation wird – je nach Menü: 4 Gänge, Spatzen, Brotzeit oder Weißwurst stehen zur Wahl – ein weiterer leckerer Gang serviert und nachgeschenkt. Eine Minute hat der überaus freundliche und umsichtige Service dafür Zeit, was aber wie geschmiert funktioniert. Und weiter zieht die Gondel in aller Ruhe ihre Kreise – auf und nieder, immer wieder. Nach etwa 2,5 Stunden endet der Parcours himmlischer Gaumenfreuden. Der allein wird schon in bester Erinnerung bleiben. Zum unvergesslichen Highlight reift das luftige Exklusivdinner, das um 17.50 Uhr bei der Talstation beginnt, durch die wunderbar eindrückliche Naturkulisse. Die ganze Fahrt über genießt die schwebende Tischgesellschaft einen traumhaft schönen Aus- und Weitblick auf die in abendliche Stimmung getauchte Allgäuer Bergwelt, die man nur hier und nirgendwo anders erlebt. Man nennt das auch Glück!

TIPP

Nur zu Fuß zu erreichen: die Wallfahrtskirche Maria Trost am nordöstlichen Hang des Alpspitz.

Alpspitzbahn Nesselwang, Alpspitzweg 5, 87487 Nesselwang, Ostallgäu
www.nesselwang.de

ACHTUNG!

Einmalige Atmosphäre

17

Café Muckefuck in Marktoberdorf

Glück kann man nicht kaufen. Aber Kaffee. Und das ist so ziemlich das Gleiche. Jedenfalls im Café Muckefuck, das zur Kaffeerösterei Muckefuck im Allgäu gehört und eine bemerkenswerte Philosophie lebt. Andreas Oertel, Gastronom, Kaffee-Sommelier und Primus inter Pares, bringt es überzeugend auf den Punkt: „Unser Café vereint alles, für was Muckefuck steht. Für Gastfreundlichkeit, Gemeinschaft und Gemütlichkeit. Wenn du uns kennst, dann kommst du." Immer höher, schneller und weiter, also das Mantra des klassischen Wettbewerbs, ist für das Muckefuck-Team jedenfalls keine Option. Das ist vielmehr andauernd im Hier und Jetzt unterwegs, ohne scharf konturiertes Ziel vor Augen. Die Muckefucks machen, was sie machen und heißen jeden auf ihrer Reise willkommen. Tatsächlich beschleicht einen, sobald man das 120 Quadratmeter große Café betritt, das diffuse Gefühl, angekommen zu sein. Ungefragt hüllt den Besucher eine wohlig-warme Atmosphäre ein. Das Interieur aus Kaffeemaschine, Verkaufsvitrine, Ziegelsteintresen, Barhocker, Tischen und Lautsprechern unterscheidet sich nicht sonderlich von anderen Cafés. Natürlich nimmt man eine individuelle Design-Note wahr, aber was das Muckefuck so anders und besonders macht, ist die heimelige, beinahe schon familiäre Stimmung. Das spürt man klar und deutlich. Und genau das bezeichnet Andreas Oertel als den speziellen Muckefuck-Stil, hinter dem einfach alles andere verschwindet. Was zählt, sind die Menschen – vorm und hinterm Tresen. Die Kaffeefarmer und Importeure schließt er übrigens ausdrücklich mit ein. Dass dieser Muckefuck-Ansatz offensichtlich aufgeht, und zwar seit Gründung des Cafés im Jahr 2017, unterstreicht auch seine Lage in einer Nebenstraße. Laufkundschaft, die immer ein wesentlicher Erfolgsfaktor eines jeden Café-Betriebs ist, fällt bei Muckefuck unter den Tisch. Wer hier einkehrt, kommt gezielt, weil er schätzt, was ihn dort erwartet: ehrlich gerösteter Kaffee ohne Chichi, Blabla und Pipapo und die einmalige Atmosphäre.

TIPP

In ihrer Micro-Rösterei in Aitrang bietet Muckefuck regelmäßig Basis- und Baristaschulungen an.

● Café Muckefuck, Jahnstraße 9, 87616 Marktoberdorf, Ostallgäu, Tel. (0 83 42) 915 43 45, www.muckefuck.info
● ÖPNV: Bahnhof Marktoberdorf

Paradies auf Erden

18

Wallfahrtskirche St. Alban in Görwangs

Wer von Günzach nach Aitrang das Allgäu erkundet, macht auf der Höhe des Dörfleins Binning eine reizende Entdeckung. Zunächst von einem Wäldchen verborgen, steht rechter Hand auf einer Anhöhe wie aus dem Nichts plötzlich die Wallfahrtskirche St. Alban. Auf den ersten Blick macht sie nur wenig her. Auch will der Spitzhelm, der sich seit mehr als 100 Jahren in den Himmel über Görwangs bohrt, partout nicht zum Kirchenkörper passen. Doch schon auf den zweiten, erst recht auf den dritten und vierten Blick schält sich hier wie beim Häuten der Zwiebel ein prächtiges Kleinod heraus, das als Juwel barocker Baukunst im Ostallgäu gilt: Der helle Innenraum mit seinen weiß getünchten Wänden, das stuckübersäte Chorgewölbe und die eindrücklichen Bilder mit den biblischen Motiven – bezaubernd. Oder die Kanzel und Altäre mit dem vielen Schnitzdekor und versilberten Flächen dazwischen, vor allem aber die unglaublich schöne Tafeldecke von 1700, an deren Detailreichtum man sich nicht satt sehen kann – einfach himmlisch. Doch das ist längst nicht alles: Neben dem ausgezeichneten Raumklang verfügt St. Alban auch über ein Meisterwerk an Orgel, weshalb hier gelegentlich Konzerte mit exzellenten Künstlern stattfinden. Neben der Kirche steht das Mesnerhaus, in dem seit über 25 Jahren die Familie Probst zu Hause ist und auf St. Alban Dienst tut, wozu das tägliche Läuten der drei Kirchenglocken von Hand gehört – um 7 Uhr, 12 Uhr und 19 Uhr (sommers) bzw. 18 Uhr (winters). Früher, als das Landleben weitgehend uhrenfrei war, gab St. Albans Geläut den Bauern täglich Struktur. Noch heute sprechen die Glocken gelegentlich zum Dorf. Dann verbindet der Mesner sein Läuten mit segnenden Gedanken für einen Kranken aus dem Ort oder Menschen in Not. Und wenn die Klöppel schweigen, ist es hier (fast) wie im Paradies: der phänomenale Blick auf St. Alban vor der Kulisse der mächtigen Alpenfront, die beruhigende Stille, die über dem Ort liegt und guttut. Selbst die Luft scheint hier besonders rein.

TIPP

Auf einen Sprung ins kühle Nass: Nur 2 Kilometer entfernt liegt der Moorsee Langer Weiher.

- St. Alban, Görwangs 12, 87648 Aitrang, Ostallgäu
- ÖPNV: Haltestelle Friesenrieder Straße

Schwäbische Riviera

19 Hopfensee bei Füssen

Wer sich schon vom idyllisch gelegenen Großen Alpsee nahe Immenstadt hat begeistern lassen, dessen Emotionen werden am gut 2 Kilometer langen Hopfensee buchstäblich aus dem Häuschen sein. Sein Erscheinungsbild erinnert an ein vollkommenes Gesamtkunstwerk, das einzig und allein Mutter Natur zu schaffen imstande ist. Tatsächlich ist seine landschaftliche Einbettung so malerisch und entzückend, ja, verzückend schön, dass man das vor schlappen 10.000 Jahren in der Würmeiszeit durch den Lechtalgletscher gebildete Edelwässerchen mit seiner großzügigen Uferpromenade weithin als schwäbische Riviera mit südländischem Flair liebt. Der Hopfensee ist der Prototyp der Liebe auf den ersten Blick. Wer ihn sieht, ist verloren – kann sich seiner Magie nicht mehr entziehen. Insofern umschwärmen ihn auch Verehrer wie Motten das Licht. Doch findet dieses turtelnde Treiben nur am Ostufer mit dem 5-Sterne-Campingplatz und an den nördlichen Gestaden statt, wo der Kneipp- und Kurort Hopfen entlang der mäandernden Uferstraße mit allerlei Cafés und Gastronomie zum Flanieren und Genießen einlädt. Ansonsten rahmen und säumen ausladende Schilfgürtel und unzählige Seerosen mit gelben Blüten das leise plätschernde Nass. Natürlich hat Hopfen kurz vorm Ortsende – gleich neben dem hübschen Strandbad – auch einen Bootsverleih, mit dessen Gefährten man auf den See hinausfahren kann. Dort verwandelt er sich, ehe man sich versieht, zu einer sanft schaukelnden Oase der Stille vor phänomenaler Alpenkulisse. Die spannt sich südlich des Hopfensees wie ein felsiges Band über die gesamte Breite, während sich das gipfelreiche Profil grandios auf der Wasseroberfläche spiegelt. Und wenn man dann noch die hellen Konturen von Schloss Neuschwanstein am Horizont erkennt, könnten einem Fragen in den Sinn kommen, wie Kleist sie in seinem „Prinz von Homburg“ dichtete: „Träum' ich? Wach' ich?“ Und wenn schließlich tief im Westen die Sonne versinkt, kann man sein Glück kaum fassen.

TIPP

Auf einem Hügel über Hopfen lockt die Ruine der gleichnamigen Burg mit herrlichem Panoramablick.

● Hopfensee, Uferstraße, 87629 Füssen, Ostallgäu
www.seen.de/hopfensee
● ÖPNV: Haltestelle Hopfen Strandbad

Wittelsbacher Stelldichein

20 Museum der bayerischen Könige in Hohenschwangau

Wer – neben dem Besuch von Schloss Neuschwanstein – mehr über Herkunft und Zeit des Bauherrn König Ludwig II. (1845–1886) erfahren will, ist im nahegelegenen Museum der bayerischen Könige goldrichtig. Unterhalb der Schlösser Neuschwanstein und Hohenschwangau am Ufer des Alpsees in der Alpseestraße 27 steht das preisgekrönte Haus empfangsbereit – eine der schönsten Adressen Bayerns, wie die Süddeutsche Zeitung anlässlich der Eröffnung im September 2011 schreibt. In den renovierten Räumlichkeiten des einstigen „Grandhotel Alpenrose“ wirft das Museum ein erhellendes Licht auf die 900-jährige Geschichte der Wittelsbacher, eines der ältesten Adelsgeschlechter Europas. Besonderes Augenmerk liegt dabei auf König Maximilian II. und seinem Sohn, Ludwig II., die maßgeblichen Akteure am hiesigen Ort. Und was es da alles zu entdecken gibt, raubt einem buchstäblich den Atem. Im Hauptsaal etwa, unter der tonnengewölbten Lichtdecke, zieht der prunkvolle Tafelaufsatz aus vergoldeter Bronze die neugierig kreisenden Augen magisch in seinen strahlenden Bann. Rund 40 edle Teile, darunter Kerzenleuchter, Dessertschalen und Figurenaufsätze, funkeln und glänzen dort regelrecht um die Wette. Geschaffen wurden die Pretiosen vom Münchner Bildhauer Ludwig von Schwanthaler für Maximilians Hochzeit mit Marie von Preußen. In einem anderen Raum trifft man an einer königsblauen Wand die ganze bayerische Regentenschar: 112 Jahre gemalte Monarchie von Max I. Joseph bis zu Ludwig III., dem letzten König Bayerns. Ein anderer Bereich ist bis zur Decke mit Nymphenburger Porzellan herausgeputzt. Das „Bayerische Königsservice“, 328 Motivteller an der Zahl, waren ein Geschenk der Kinder zur goldenen Hochzeit des letzten bayerischen Königspaars. Das alles ist schon bezaubernd schön, doch im ersten Stock stellt sich ein weiterer Glücksmoment ein – wenn man durchs riesige Panoramafenster den von imposanten Berggipfeln flankierten Alpsee bewundert und sich im Glas das Schloss Hohenschwangau leuchtend gelb bricht.

TIPP

Einfach weitläufig in der Gegend ums Museum schlendern: Der Ausblick ist der Hammer.

- Museum der bayerischen Könige, Alpseestraße 27, 87645 Hohenschwangau, Ostallgäu, Tel. (0 83 62) 88 72 50
  www.hohenschwangau.de/museum-der-bayerischen-koenige
- ÖPNV: Haltestelle Hohenschwangau/Schlösser

Kuss der Ewigkeit

21

Naturwunder Breitachklamm bei Oberstdorf

Unweit des Oberstdorfer Ortsteils Tiefenbach wird das Glück auf die Spitze getrieben. Nicht so sehr wegen der herrlichen Ausblicke in die Oberstdorfer Bergwelt, die man hier in vollen Zügen genießen kann. Vor allem wegen der unvergesslichen Einblicke in die Entstehungsgeschichte von Mutter Erde, die einem die Breitachklamm in unnachahmlicher Weise vor Augen führt. Nach Entrichtung eines kleinen Obolus am Kassenhäuschen geht's los. Über einen schmalen Pfad und durch einen in massiven Fels gehauenen Gang – Achtung, Kopf einziehen! – betritt der Besucher dieses einzigartige Naturschauspiel: die tiefste und faszinierendste Felsenschlucht in ganz Mitteleuropa. Die nahm vor 10.000 Jahren ihren Ausgang, als es dem Breitachgletscher, der sich hier eisig eingerichtet hatte, zu warm wurde. Stück für Stück trat er den Rückzug an und fräste sich dabei mit unbändiger Wasserkraft und mächtigem Lärm über viele Jahrhunderte eine schmale Schlucht ins wuchtige Gestein. Vor gut 100 Jahren hat der Tiefenbacher Pfarrer Johannes Schiebel, dessen Konterfei überm Klammeingang hängt, sie zugänglich gemacht, um zahlende Gäste anzulocken und die Armut der Bauern zu lindern. Heute erkunden rund 300.000 Besucher Jahr für Jahr auf einem 2,5 Kilometer langen Pfad diese Naturwunderschlucht. Es geht über Brücken, durch Tunnel und unter Überhängen mal links und mal rechts die Breitach entlang, vorbei an über 100 Meter steil aufragenden Felswänden, die dem weiß-blauen Himmel nur einen winzigen Lichtspalt gewähren. Hie und da verlaufen Rinnsale und Bächlein die Wände herab, es tropft, ist schattig und frisch. Fast könnte man meinen, das felsige Meer rückt einem immer näher auf den Pelz – dramatisch untermalt vom ständigen Begleiter, dem tosenden, reißenden, gurgelnden und donnernden Strom. Wer trotz dieses nassen Gebrauses und Gezisches die Augen schließt und innehält, spürt vielleicht einen zärtlichen Kuss der Ewigkeit auf seinen Lippen. Wenn das kein Glück ist.

TIPP

Durch die Klamm führt ein Rundweg über den Zwingsteg zur Alpe Dornach zum Park- und Startplatz zurück.

● Breitachklamm, Klammstraße 47, 87561 Oberstdorf, Oberallgäu
www.breitachklamm.de
● ÖPNV: Haltestelle Breitachklamm

Bunter Stoff für Berg und Tal

22 Wildfräulein in Wolfertschwenden

In der Gemeinde Wolfertschwenden, auf halber Strecke zwischen Memmingen und Kempten, trägt das Glück Loden. In feinster Qualität. Allerdings nicht in den typischen Tönen Braun oder Dunkelgrün, wie man sie gemeinhin von Trachtenvereinen und Jagdgesellschaften kennt. Nein, den Besucher des Schneiderateliers von Sabine Manteuffel heißt der edle Naturstoff in fröhlichem Türkis, Blau, Hellgrün und sogar Pink willkommen. Nebeneinander aufgereiht präsentiert sich die bunte Kollektion aus Westen, Jacken, Röcken, Hoodies, Hosen und Accessoires im überschaubaren Ausstellungsraum so locker-flockig, dass man eine rechte Freude daran hat. Gleich nebenan im Atelier entsteht aus Tuch- und Walkloden Kleidung für Berg und Tal. Hier schafft die passionierte Gründerin mit ihrem Team Stund um Stund, steckt Schnittmuster fest, schneidert und näht, was Schere, Messer und Nadel hergeben, vor allem aber, wie es ihr gefällt. Was die gebürtige Wuppertalerin aus reiner Schafschurwolle, die sie gleich ballenweise von traditionellen Lodenherstellern direkt aus Bayern und Tirol bezieht, in auffallend heitere Outdoor-Mode verwandelt, gelangt erst seit wenigen Jahren unter dem Label Wildfräulein an die Frau und den Mann. Genau genommen seit 2016, dem Jahr, als die langjährige Bühnen- und Kostümbildnerin den mutigen Sprung in die Selbstständigkeit wagte.

TIPP
Im Nachbarort Bad Grönenbach ist eine Führung durchs im 12. Jahrhundert erbaute Hohe Schloss sehr sehenswert.

Bald drei Dekaden hatte sie an verschiedenen Theatern gewirkt, die letzten 17 Jahre in leitender Position am Landestheater Schwaben in Memmingen, ihrer neuen Wahlheimat. Hier entflammte ihre Liebe zum Allgäu, den Bergen und zum Wandern. Dabei kam ihr die Idee, sich ein eigenes Outdoor-Outfit zu kreieren. Als Stoff war Loden die erste und einzige Wahl. Kaum ein Naturmaterial ist so robust, winddicht, schmutzabweisend und atmungsaktiv wie Schurwolle. Erst schneiderte sie nur für sich, dann für Freunde, inzwischen für eine wachsende Outdoor-Loden-Crowd. Und wo steckt nun das Glück? In Wildfräuleins Loden – und zwar richtig kuschelig und mittendrin.

● Wildfräulein im WiNN-Park, Eingang C, Gewerbestraße 8, 87787 Wolfertschwenden, Unterallgäu, Tel. (0 83 34) 3 18 70 17, www.wildfraeulein.de
● ÖPNV: Bahnhof Bad Grönenbach

Höchstes Rebenreich

23 Weinberg in Bad Hindelang

Am oberen Ortsrand von Bad Oberdorf – das wegen seines Schwefelmoorbades und dank Prinzregent Luitpold von Bayern seit 1900 und damit gut 100 Jahre länger als der Hauptort Bad Hindelang den Titel „Bad“ trägt – steht und wächst ein traubiger Superlativ: Deutschlands höchster Weinberg. Ganze 860 Meter hoch. Was an dieser Stelle 2008 mithilfe des Winzers Gerhard Aldinger aus Fellbach (Weinbaugebiet Württemberg) und der Pflanzung von zehn Rebstöcken als Hobby des Prinz-Luitpold-Bad-Hoteliers Armin Gross begann, ist seit 16. Juli 2018 ganz offiziell. Seither darf der Jungwinzer hier im Ostrachtal auf 500 Quadratmetern Fläche Wein anbauen und vertreiben. 10 Jahre Arbeit, einige behördliche Anträge und die leidenschaftliche Beharrlichkeit des jungen Weinbauern liegen dazwischen. Die ersten süßfruchtigen Trauben der für das vorherrschende Klima geeigneten Rebsorten „Solaris“ und „Muscat bleu“ wanderten anfänglich noch – und nur – vom Stock in den eigenen Mund, inzwischen erweitert und bereichert der kleine, aber feine vinifizierte Ertrag den weinseligen Ausschank im Familienhotel: fruchtig, duftig und harmonisch. Wenn man ganz nüchtern die deutschen kartografierten Weinbauregionen betrachtet, markiert das geschmacklich vorzügliche kleine Weinbergglück im Ortsteil Bad Oberdorf von Bad Hindelang ein einzigartiges Neuland. Dabei liegt es so sanft und sonnig am Hang unterhalb des bereits 1864 gegründeten Hotels, dass es eine helle Freude ist, den Trauben beim Reifen zuzusehen. Noch ist die Ausbeute eher gering, doch im Mai 2019 kamen bereits 200 neue Weinstöcke hinzu. Eine eigene Ortsangabe bleibt diesem Gewächs bislang allerdings verwehrt, nur die Bezeichnung „Deutscher Wein“ darf aufs Etikett. Damit ist der Wunschname „Luitpolder Ochsenberg“ zwar vorerst vom Tisch, als „Bergwein 860 NN“ wird er aber im Prinz-Luitpold-Bad kühl temperiert im Glas serviert. Und das ist in dieser schönen Landschaft und einzigartigen Höhenlage so erfrischend wie beglückend.

TIPP

Die an Kunstschätzen reichen Kirchen Unserer lieben Frau im Ostrachtal und St. Jodokus (Bad Oberdorf).

- Weinberg beim Prinz-Luitpold-Bad, Andreas-Gross-Straße 7, 87541 Bad Hindelang, Oberallgäu, www.luitpoldbad.de
- ÖPNV: Haltestelle Abzweigung Luitpoldbad

Bierselige Gemeinde

24 Brauereidorf Rettenberg

Das muss man kennen, da muss man hin: Rettenberg, das südlichste Brauereidorf Deutschlands, ein Glücksmekka für Freunde feinen Biergeschmacks. Wie die saftige Füllung eines Sandwiches hat es sich der Ort zwischen dem 8 Kilometer langen Rottachberg mit seinem „Großen Wald" und dem schräg dahinter liegenden Grünten, der als Wächter des Allgäus gilt und von 18 Berghütten übersät ist, sonnenverwöhnt bequem gemacht. Zu der Gemeinde hoch überm Illertal gehören sage und schreibe 33 Dörfer und Siedlungen mit teils sehr klangvollen Namen wie Acker, Bellen, Hinterberg, Morgen, Reichen, Weiher und Wolfis, bei denen das Kopfkino in den Automodus schaltet und am laufenden Band ländlich-idyllische Szenen auf die innere Leinwand wirft. Doch gibt es hier nicht nur ungewöhnlich viele Ortsteile, in denen rund 4600 Einwohner leben. Hier finden sich auch in seltener Konzentration drei Brauereien auf engstem Raum, die jede für sich mit einer absoluten Besonderheit winkt: So ist die Privatbrauerei Zötler etwa die älteste Familienbrauerei der Welt, deren Gründungsurkunde ins Jahr 1447 datiert. Der dazugehörige Brauereigasthof ist immer noch mitten im Ort, die Sudkessel stehen nach mehreren Bränden längst außerhalb in der Brauhaussiedlung vor traumhafter Bergkulisse. Das „himmlischste" Brauhaus ist das Engelbräu, ortsmittig an der Burgberger Straße platziert, die bergan durch die Ortschaft mäandert, gleich neben dem Brauereigasthof Engel. Seit 1668 wird hier gebraut, was die Werbung seit vielen Jahren vollmundig-würzig verspricht: „Ein Bier, so himmlisch wie sein Name". Die dritte Bierquelle ist die jüngste im Bunde, seit Mai 2015 sprudelt sie als Bernardi Bräu in einer zur Kleinbrauerei umgebauten ehemaligen Seilbahnstation. Und wenn dann nach herrlicher Wanderschaft ein kühles Blondes – sei es „Gigglstuinar", „Grünten Gold" oder „Vollmondbier" – erfrischend durch die Kehle rinnt und dabei ein Lächeln in die Gesichter springt, wird Rettenberg bierselig zum Glückseligkeitsort.

- Brauereidorf Rettenberg, 87549 Rettenberg, Oberallgäu
- ÖPNV: Haltestelle Zötler

Zötler Bier
natürlich, sympathisch, frisch
OA ZB8H

Der schiefe Turm

25

Heini-Klopfer-Skiflugschanze in Oberstdorf

Nur Fliegen ist schöner. Doch wer braucht das noch? Nach einer solchen, den ganzen Körper durchflutenden Erfahrung. Nach so einem knieerweichenden, pulssteigernden und bis in die letzten Haarspitzen hinein kribbelnden Augenblick, der so unglaublich lange zu währen scheint. Hier und jetzt ist man nicht länger Mensch, hier und jetzt ist man fleischgewordenes Adrenalin, zu jeder Reaktion befähigt und bereit – Flucht oder Kampf. Gerade einmal 70 Meter über dem Erdboden – gefühlt sind es deutlich mehr. Ganz oben, auf der Heini-Klopfer-Skiflugschanze in Oberstdorf, eine der größten Schanzenanlagen der Welt. Mit dem neuen barrierefreien Schrägaufzug geht es ganz mühelos zum „Fuß" des Schanzenturms, dann mit dem Turmaufzug bis ans luftige Ende hinauf. Man tritt heraus und sofort schlägt einen der grandiose Ausblick vom „schiefen Turm von Oberstdorf" in seinen Bann. Der Blick fällt zunächst auf das südlich von Oberstdorf liegende wildromantische Stillachtal mit Deutschlands südlichster Siedlung Einödsbach. Dann auf den in 930 Metern Höhe malerisch ruhenden Freibergsee, den größten Allgäuer Hochgebirgssee, und natürlich auf die atemberaubenden Naturschönheiten der Oberstdorfer Bergwelt. Sodann übersieht man das gesamte Gelände – von der einmaligen Schanze über den Schanzentisch hinaus und hinunter zur gekrümmten Aufsprungbahn bis zur angrenzenden Publikumsarena. In der fiebern Skiflugfans während der Wettkämpfe den Sportfliegern entgegen. Und mit einem Schlag realisiert man, wo man sich gerade befindet. In luftigen 70 Metern Höhe. Spätestens jetzt klopft beim Besucher – leise, aber dennoch deutlich vernehmlich – die Frage an: Stehe ich noch? Oder fliege ich schon? Wessen Puls jetzt nicht wild zu schlagen und pumpen beginnt, dem kann bei schönem Wetter und gegen einen kleinen Obolus an Ort und Stelle geholfen werden. Mit der Virtual-Reality-Brille auf der Nase setzt man sich zum Glück in Begleitung mitten auf die Schanzenbank. Und schon fliegt man!

TIPP

Ein Muss: Eine Stippvisite in der Oberstdorfer Käse-Alp am Marktplatz 5 ist so schmackhaft wie herzhaft.

● Heini-Klopfer-Skiflugschanze, Birgsautal, 87561 Oberstdorf, Oberallgäu
www.skiflugschanze-oberstdorf.de
● ÖPNV: Haltestelle Skiflugschanze

Himmlische Fische

26 Bergfischzucht Gunzesried

Kurz bevor man tief im Gunzesrieder Tal gefühlt von der Erdscheibe zu fallen scheint, weist ein Schild am Wegesrand über eine schmale Brücke zu einem Ort, an dem sich sehr viele Saiblinge tummeln. Eingebettet zwischen den Bergen der Hörnergruppe und Nagelfluhkette, inmitten bunter Bergwiesen und imposanter Hänge. Hier oben, in dem frischen, eiskalten, sauerstoffreichen und nährstoffarmen Quellwasser der Gunzesrieder Ach fühlen sie sich pudelwohl. In den 16 Becken der seit 2016 geöffneten Bergfischzucht Gunzesried wächst der Saibling vom Bruthaus über mehrere Stationen in 2,5 bis 4 Jahren zu einem so prächtigen Fisch heran, dass nicht nur Feinschmecker davor in die Knie gehen. Drei ortsansässige Familien haben sich dafür vor gut 10 Jahren zusammengetan, um ihrer Idee an diesem herrlichen Platz Flügel zu verleihen – viele bürokratische Hürden waren zu nehmen, schlussendlich gab es dann grünes Licht. Der Plan ging auf, und alles wurde gut. Inzwischen ziehen die Betreiber Jahr für Jahr 15 bis 20 Tonnen Saibling heran. Ganz gemächlich und in aller Ruhe. Der Fisch dankt es mit seiner einmaligen Fleischqualität – nach Geruch und Farbe, Textur und Geschmack spielt diese Fischzucht in der Championsleague. Über Händler in Bremen und Hamburg finden die Saiblinge aus dem Allgäuer Hochtal sogar ihren Weg in die Küchen der Sternegastronomie. Natürlich landen sie auch im angeschlossenen Naturblockhaus aus gewaltigen Weißtannenstämmen – in der urgemütlichen Brotzeitstube oder auf der herrlichen Sonnenterrasse mit traumhaftem Blick in den Naturpark Nagelfluh – so frisch auf Tisch und Teller, wie es frischer gar nicht geht. Egal ob man sich den Saibling geräuchert, gebeizt, sauer mariniert oder als Fischsalat servieren lässt, spätestens mit der ersten Gabel weiß der Besucher, wie Glück schmeckt. Wer dieses lukullische Happening verlängern will, kann sich an der Feinkosttheke für daheim versorgen. Der Einzige, der leer ausgeht, ist der räuberische Reiher. Die Becken sind gut abgedeckt.

- Bergfischzucht Gunzesried, Säge 2 a, 87544 Blaichach-Gunzesried, Oberallgäu
www.bergfischzucht.de
- ÖPNV: Haltestelle Gunzesried Abzweigung Ostertal bzw. Endstation Säge

Spätbarocke Überwältigung

27 Basilika der Benediktinerabtei Ottobeuren

Ganz gleich, aus welcher Richtung man sich ihr nähert, an dieser einmaligen Schönheit baumeisterlicher Kunst führt kein Weg vorbei. Zum einen liegt die dem Benediktinerkloster vorangestellte Basilika St. Alexander und Theodor leicht erhöht auf einem Hügelrücken, was sie schon von Weitem ins Sichtfeld rückt. Zudem strecken sich unübersehbar ihre beiden Fassadentürme imposante 82 Meter in den weißblauen Himmel. Mit goldenen Doppelkreuzen auf ihren Hauben bekennen sie fromm und frei: Hier steht ein christliches Gotteshaus. Wer dieses von Norden durch die mit Holzschnitzereien verzierte Holztür betritt, passiert eine von den Bauherren bewusst dunkel gehaltene Vorhalle: eine Anspielung auf die sündige Existenz des Menschen. Danach öffnet sich ein 89 Meter langer, die Erlösung durch Jesus Christus symbolisierender lichter Innenraum. Spätestens jetzt versteht der Besucher, warum es sich bei dieser Basilika, die fraglos zu den schönsten Barockkirchen Süddeutschlands zählt, um einen Glücksort erster Güte handelt. Der Gesamteindruck ist schlichtweg überwältigend und lässt niemanden unberührt. Wohin das Auge auch fällt, überall trifft es auf eine prunkvolle, vor allem atemraubende Ausstattung: Hier finden sich monumentale Wandsäulen und Gewölbe, dort faszinieren gewaltige Kuppel- und Deckenfresken. Großflächige Altarbilder gesellen sich zu filigran anmutenden Stuckfiguren – Stück für Stück herrlich anzuschauende Unikate, darunter weit über tausend Engel und Putten. Und ringsum schimmernder Marmor, strahlendes Blattgold sowie Stuck, Stuck und nochmals Stuck. Doch damit nicht genug: Die Basilika verfügt außerdem über eine unvergleichliche Akustik, die sogar Herbert von Karajan und Leonard Bernstein hierherführte, um Konzerte zu dirigieren. Kurzum, dieses barocke Juwel ist ein großartiges Gesamtkunstwerk, ein Fest der Sinne, eine geballte Dosis Glück. Und zu den herausragenden Wahrzeichen des Allgäus gehört die Basilika zusammen mit dem Benediktinerkloster auch noch.

TIPP

Das Klostermuseum, dessen Räume selbst prachtvolle Kunstwerke sind (Öffnungszeiten beachten).

- Basilika der Benediktinerabtei Ottobeuren, Sebastian-Kneipp-Straße 1, 87724 Ottobeuren, Unterallgäu, www.abtei-ottobeuren.de
- ÖPNV: Haltestelle Ottobeuren/Basilika

Begehbarer Kuhmagen

28 Allgäuer Bergbauernmuseum in Immenstadt-Diepolz

Unterhalb vom Hauchenberg liegt auf 1000 Metern Höhe das beschauliche Pfarrdorf Diepolz. Allerdings hat sich kaum ein Mensch dafür interessiert – bis zum Sommer 2014. Da machte sich hier ein begehbarer Kuhmagen dauerhaft breit, den man durch ein großes Maul betritt. Darin erfährt der staunende Gast mit jedem Schritt, wie Kühe es tagtäglich schaffen, Weidegras in Milch zu verwandeln. Das ist unterhaltsam, interaktiv und spektakulär. Aber längst nicht alles, was das Allgäuer Bergbauernmuseum Groß und Klein vor traumhafter Bergkulisse zu bieten hat. An verschiedenen Stationen kann man dort den harten Bergbauernalltag, wie er noch vor 200 Jahren war, hautnah erleben, ja, buchstäblich begreifen. Wer etwa bei einer Führung selbst Hand anlegt und Käse herstellt, Getreide drischt oder auch Hafer mahlt, bekommt einen so spür- und fühlbaren Eindruck vom damaligen Leben, der garantiert länger hält als die kleine Blase, die man sich vielleicht beim handwerklichen Tun holt. Ein sanft geschwungener Rundweg führt nach dem Eingang mit Kasse und Shop zunächst am Kräuter- und Bauerngarten mit Beeren, Gemüse und Heilpflanzen vorbei, der für die Bauersleute sehr wichtig war. Wenn in der Küche was fehlte, konnten sie nicht mal eben zum Lebensmittelhändler eilen – die waren damals rar und weit entfernt. Weiter geht's zum Bienenstock mit Imkerhaus. Dort kann man emsigen Bienen beim Honigmachen zuschauen, und danach zum 300 Jahre alten Sattler-Hof mit Flurküche, Tenne und Stube, in der man der Bäuerin bei ihrer Arbeit über die Schulter schaut. Weiter oben folgt die Höfle-Alpe – mit Infos über die Alpwirtschaft und ihren Sennalltag. Anschließend schmeckt hier angesichts des fantastischen Bergpanoramas die g'scheite Brotzeit besonders gut. Stundenlang kann man auf diesem begeisternden Glücksortgelände wandern, an jeder Ecke Neues entdeckend. Dennoch denkt so mancher Besucher insgeheim: Welch Glück und auch Segen, dass der Kelch solchen Bergbauernlebens an mir vorübergegangen ist.

TIPP

Ab Pfarrkirche führt ein Rundweg (1 Stunde) zum 20 Meter hohen Aussichtsturm Alpkönigblick.

● Allgäuer Bergbauernmuseum, Diepolz 44, 87509 Immenstadt, Oberallgäu, Tel. (0 83 20) 9 25 92 90, www.bergbauernmuseum.de
● ÖPNV: Haltestelle Bergbauernmuseum

Fuchsienparadies auf Erden

29

Gärtnerei im Himmelreich bei Stiefenhofen

Im Himmelreich, ein idyllisch gelegenes und im Kataster ebenso benanntes Fleckchen Erde nahe der Gemeinde Stiefenhofen, wo die Wiesen Namen wie Himmelried und Birkenwies tragen, ist das Glück daheim. Dass das in diesem Fall mit Arbeit verbunden und ohne Leidenschaft nicht zu haben ist, davon geben Ingrid und Peter Kohler dem Besucher ein anschauliches Bild. Hier, an der schmalen Straße Jungensberg 2, haben sie im April 2002 auf 800 Höhenmetern den Grundstock für ihre heute in Liebhaberkreisen weltweit bekannte Gärtnerei im Himmelreich gepflanzt. Was damals mit immerhin 400 Fuchsiensorten noch relativ überschaubar begann, wuchs binnen 3, 4 Jahren auf stolze 2000 Sorten an. Heute umfasst ihre Auswahl rund 1700 Sorten, darunter 500 verschiedene Großpflanzen, auch Wildformen und winterharte Sorten. Zudem kultivieren sie eifrig Duft-, Wild- und Edelpelargonien – gemeinhin als Geranien bekannt. Ihre ganze Pflanzenschar vermehren die Kohlers, die keine Züchter sind, in zwei großflächigen Gewächshäusern, einem Anbau und natürlich draußen im Fuchsiengarten. Der hat sich über die Jahre durch Zupacht ordentlich gemausert. Für penible Besucher mag die Anlage nicht gerade wie geleckt wirken, aber die passionierten Himmelreicher wollten auch nie ein herausgeputztes Gartencenter für Heerscharen von Menschen betreiben. Nein, bei den Kohlers stehen allein die Pflanzen im Vordergrund, deren Blüten sich von April bis August von ihrer bezauberndsten Seite zeigen. In allen erdenklichen Formen und Farben bezirzen sie Kenner und Laien mit unwiderstehlichem Charme. Dass sich ein solcher Garten Eden herumspricht, ist klar – nicht nur, aber vorwiegend unter Liebhabern. Und die sind bestens organisiert. Zur Hochblüte kommen sie in Bussen her – Landfrauen, Gartenbauvereine und Fuchsien-Gesellschaften. Aus Deutschland, Österreich und der Schweiz – oder gleich als europäische Delegation. Nach einem Vortrag mit Führung von Ingrid Kohler fahren sie anschließend selig und glücklich heim.

● Gärtnerei im Himmelreich, Jungensberg 2, 88167 Stiefenhofen, Westallgäu
www.gaertnerei-himmelreich.de

Zünftiges Fachwerk

30 Siebendächerhaus in Memmingen

Wer das Allgäu schätzt, wird die kreisfreie Stadt Memmingen lieben, die sich selbst das „Tor zum Allgäu" nennt. Vor allem an der historischen Altstadt, deren Geschichte mehr als 850 Lenze zurückreicht, kann man sich einfach nicht sattsehen. Eines der vielen beeindruckenden Highlights ist die kilometerlange, gut erhaltene Stadtmauer. Mit den einst sieben Toren und 26 Türmen legt sie sich bis heute wie ein schützender Schal um die Altstadt herum. Sie ist und bleibt das größte Denkmal Memmingens. Doch daneben gibt es noch viele weitere, nicht minder feine Kleinodien. Eines dieser prachtvollen Schmuckstücke findet man Ecke Lindentorstraße und Gerberplatz, das wegen seines ungewöhnlichen, dreifach abgestuften Daches als Siebendächerhaus bezeichnet wird: ein Baukörper wie aus dem Bilderbuch, als Anschauungsobjekt eine Augenweide, nicht nur im Sonnenlicht eine helle Freude. Auf zwei gemauerten Geschossen ruht ein imposantes Fachwerk mit dreistöckigem Dachraum. Mit etwas Fantasie erinnern die Konturen der Stirnseite an einen holzgeschnitzten Tannenbaum. Das 1601 errichtete Siebendächerhaus wurde früher von den Gerbern der Stadt als Trockenhaus genutzt, um das sich ihre Betriebe im Gerberviertel scharten. Das hatte allerdings weniger praktische als olfaktorische Gründe: Memmingen profitierte zwar von seinen fleißigen Gerbern, weil der Handel mit zu Leder verarbeiteten Tierhäuten florierte und dem Stadtsäckel willkommene Einnahmen bescherte. Zugleich war die Herstellung von Leder aber auch ein äußerst schmutziges Geschäft, das wegen des Einsatzes von Chemikalien buchstäblich zum Himmel stank. Kurzerhand hielt man sich die Branche im eigenen Viertel vom Leibe und aus der Nase. Das alles ist sehr lange her. Heute ist das Siebendächerhaus eines von sieben Wahrzeichen der Stadt. An jene Blütezeit des Gerberhandwerks erinnern bis heute Straßennamen und Plätze sowie das malerische Siebendächerhaus, auf dessen Giebel eine Wetterfahne mit dem Zeichen der zwei gekreuzten Gerbermesser thront.

TIPP

Im Sommer findet der Fischertag statt. Dann fischen circa 1200 Memminger ab 8 Uhr den Stadtbach leer.

- Siebendächerhaus, Gerberplatz 7, 87700 Memmingen, Unterallgäu
- ÖPNV: Haltestelle ZOB

Gerberplatz

Zauberhaft behütet

31 Der Hutladen Kaufrausch in Füssen

Schön ist es, im Sommer durch Füssens Reichenstraße in der Altstadt zu schlendern. Mit ihren vielen bunten Straßencafés verströmt sie ein wuseliges italienisches Flair. Schöner ist es, an der Schrannengasse, dem früheren Kornplatz, den Augen freien Lauf zu lassen, entlang der hoch aufgestellten Häusergiebel mit ihren Flaschenzügen und Ladeluken. Am schönsten aber ist es, wenn man in der schmalen Brunnengasse den zum gegenüberliegenden Gwandhaus gehörenden und mit vorwarnendem Zusatz „Kaufrausch" bedachten Hutladen betritt. Kaum ist man drin, schon steht man in einer anderen Welt von niedriger Höhe und ganz besonderem Charme – zwischen Altem, Skurrilem, Kitsch und kapriziösen Schätzen. Jeder Winkel ist hier genutzt, dicht an dicht bemöbelt. Regale über Regale aus dunklem und hellem Holz – wild wechselnd, wie es gerade passt – laufen die verspielt wirkenden Wände entlang. Durchweg gefüllt mit einer riesigen Auswahl hochwertiger Kopfbedeckungen jeglicher Form, Couleur und Marke. Hier die neuesten Hüte und Caps der Kultmarke Stetson, dort Modelle der Traditionsfirma Mayser und original Hanna Hats aus dem Nordwesten Irlands. Natürlich sind auch gute Stücke des Allgäuer Labels Lodenhut dabei sowie upgecycelte Headware eines Berliner Start-ups im feschen Design: Kaffeesäcke außen, Hemdstoffe aus den Siebzigern innen. Und überall – vorne, ganz hinten und drum herum – purzeln vielerlei Reize auf den Besucher ein. Wie im Rausch ziehen sie an einem vorbei: ein behörnter Ziegenbockkopf mit ausladender Feder im Fell, Modelleisenbahnen, Spielzeugautos und ein Werbeschild von anno dazumal. Vor allem aber die unzähligen Schaufensterpuppenköpfe – viele betagte, auch Unikate. Über den ganzen Laden verteilt halten sie als Hutmodelle her, darunter erkennbar ein Franzose mit Baskenmütze und bienengewachstem Gesicht. Alles so liebevoll von der Familie Schreiner – drei Generationen vom Gründer bis zur Enkelin sind hier tätig – dekoriert. Ihr Hutladen ist als Glücksort prädestiniert.

TIPP

Sehenswert ist die Spitalkirche (Spitalgasse 2), schon wegen der Fassade mit Fresken im Rokoko-Stil.

● Der Hutladen Kaufrausch, Brunnengasse 10, 87629 Füssen, Ostallgäu
www.gwandhaus-fuessen.de
● ÖPNV: Haltestelle Pulverturm

AND CHILL
TWEED
SCHUH-GUIDE

Laune der Natur

32 Gletschertopf bei Scheffau

In dem weiten und beschaulichen Westallgäuer Rothachtal kann man ein blaues Wunder erleben. Unter zwei Bedingungen: Die Sonne muss hoch am weißblauen Himmel stehen, damit sie sich spiegeln kann. Und man muss wissen, wo das Kuriosum steckt. Sonst entdeckt man diesen Glücksort vielleicht gar nicht: den Gletschertopf. Von ihm geht eine magisch-mystische Faszination aus, die man am intensivsten spürt, sobald man ihm tief in sein glaziales Auge blickt. Nüchtern betrachtet, handelt es sich dabei um ein bemerkenswertes geologisches Naturphänomen. Zwischen der von Wiesen, Weiden und Wäldern eingebetteten Marktgemeinde Weiler-Simmerberg und dem an der Grenze zu Vorarlberg verträumt liegenden Dörfchen Scheffau harrt er seiner gelegentlichen Besucher. Nur wenige hundert Meter vom kleinen Örtchen Siebers entfernt – in der Region unter Freunden natürlichen Mineralwassers als Siebers Quelle bestens bekannt, die hier urkundlich belegt seit 1428 so ursprünglich wie rein sprudelt. Gegenüber dem von der Staatsstraße 2001 abzweigenden Wirtschaftsweg Halde führt ein schmaler Forstweg in einen Waldstreifen hinein, durch den die Rothach fließt, ein Zufluss der Bregenzer Ach, die hier die deutsch-österreichische Grenze markiert. Schon nach wenigen Schritten steht man am feingeschliffenen Rand des Gletschertopfs, der durch ein Rundlaufgeländer gesichert ist. Gut 2,5 Meter reicht er in die Tiefe, sein Schlund ist mit Regenwasser gefüllt. Entstanden ist er vor vielen Jahrtausenden, damals hatte ein Gletscher das Allgäu im eiskalten Griff. Als dem zu warm wurde, bohrte sich eine Allianz aus Schmelzwasser und Rollsteinen mit ungeheurer Wucht durch das darunter liegende Gestein. Die Geburtswehen des Gletschertopfs setzten ein. Andächtig, ehrfürchtig, ja, demütig steht man heute davor. Erst seit gut 100 Jahren ist er bekannt, bei Bauarbeiten hat man ihn gefunden – sonst hätte Mutter Erde ihr Geheimnis kaum preisgegeben. Und an Sonnentagen strahlt er seinen Betrachter wie ein blaues Wunder an.

TIPP

Unbedingt dem Pfarrdorf Scheffau einen Besuch abstatten, der Ortskern ist eine echte Augenweide.

- Gletschertopf bei Scheffau (in der Nähe von Siebers), 88175 Scheidegg, Westallgäu
- ÖPNV: Haltestelle Gletschertopf

Wildes Abenteuer

33 Schwedenhöhle zwischen Broschwand und Unterstein

Wer Menschenaufläufe am liebsten meidet und auch mal Zeit ohne andere schätzt, der findet an diesem wilden, tief im Wald gelegenen Platz einen Sehnsuchtsort ganz nach seinem Geschmack. Im Umkreis von Hunderten von Metern herrscht an der Schwedenhöhle bei Scheidegg – zwischen den Weilern Broschwand und Unterstein – mit ihrem wenig bekannten Wasserfall beinahe immer Menschenleere. Nur der unermüdlich talwärts fließende Bach gibt ein rauschendes Endloskonzert, das einen beim Aufstieg unterhält. Ab und zu hört man auch ein aufgeschrecktes Reh durchs Unterholz fliehen, wenn verästeltes Totholz mit lautem Knacken unterm Wanderschuh bricht. Schon von Weitem schimmert das Grau der überhängenden Nagelfluhfelsbank zwischen Baumstämmen hervor, unter der die kleine Höhle steckt. Die kann der Höhlenwanderer in vollen Zügen genießen – sofern er den richtigen Einstieg findet: Südlich von Scheidegg auf Höhe des Alpenfreibads führt ein schmaler Weg erst durch das Dörflein Forst, dann durch Broschwand hindurch bis zum Wald, wo zwei weiße Wasserspeicherhäuschen stehen. Wenige Meter weiter führt rechts ein Schotterweg aufwärts in den Wald. Nach gut 100 Metern geht er in einen teilweise überwucherten Trampelpfad über, auch Wildtiere nutzen ihn als Passage, was man an den Fährten erkennt. Also: Augen auf! Und immer dem Rauschen des Bachs nach. Erst bewegt man sich mehr oder weniger auf einer Höhe, dann folgt auf den letzten Metern ein kurzer Anstieg. Der geht in die Beine, der bemooste Waldboden ist zumeist feucht und rutschig. Das ist zwar ein wenig abenteuerlich, aber alle Mühe wert. Hat man die Höhle endlich erreicht, herrscht natürliches Chaos – mächtige Felsbrocken liegen kreuz und quer. Seitlich braust ein Wasserfall herab, läuft als Rinnsal durch die Höhle, um im großen Bogen in der Schlucht zu landen. Dort oben ist man mit sich und der Natur allein, kann seinen Gedanken frei nachhängen, sogar Selbstgespräche führen. Da ist keiner, der einen hört. Loslassen. Kraft tanken. Freiheit. Glück.

TIPP

Unbedingt Wanderschuhe mit rutschfestem Profil tragen und wegen der Nässe Ersatzkleidung mitnehmen.

● Schwedenhöhle zwischen den Weilern Broschwand und Unterstein bei Scheidegg, Westallgäu
● ÖPNV: Haltestelle Forst

Kurioses Kabinett

34 Kutschenmuseum in Hinterstein

Für manche liegt das Glück der Erde auf dem Rücken der Pferde, für andere hingegen auf gefederten Fuhrwerken, Kutschen genannt, vor die man Pferde spannt. Ein ganzes Museum davon – der Eintritt ist ganzjährig frei – gibt es 6 Kilometer hinter Bad Hindelang im idyllischen Bergdorf Hinterstein. Es liegt in reizvoller Höhenlage (866 Meter), von imposanten Berggipfeln umgeben. Wahrzeichen des Ortes ist die Pfarrkirche St. Antonius mit beschindeltem Dach und steinernem Turm. Von hier aus ist es nur ein halbstündiger Fußweg über die talwärts rauschende Ostrach hinweg zu einem geradezu unscheinbaren Ort, der sich mit jedem Schritt märchenhafter und fantasievoller gibt. Ein Besucher namens KK aus K hat seinen Eindruck in Dichtung gefasst, die den Museumgast eingangs begrüßt: „Im tiefen Wald von Hinterstein, da liegt, wie soll es anders sein, ein Platz der unbeschreiblich schön, hier kann man Wundervolles sehn". Und so ist es auch, man kann es nicht trefflicher beschreiben. Hier finden sich in einem Holzhaus und kleineren Hütten Kutschen aus unterschiedlichen Zeiten nicht einfach nur ausgestellt. Vielmehr sind die teils wertvollen Sammlerstücke liebevoll zu Landschaften und Szenenbildern arrangiert. Betritt man etwa den abgedunkelten und „Dr. Schiwago" betitelten Raum, sieht man sich ins zaristische Russland versetzt. Ein Paar – in dicken Pelz gehüllt, einander die Hände haltend – fährt in einer Schlittenkutsche durch den winterlich verschneiten Wald, und ein präparierter Wolf kreuzt ihren Weg. Während eine kleine Tafel Informationen zur Kutsche gibt, ist alles andere Ausdruck der ungezügelten Fantasie des leidenschaftlichen Sammlers und Museumsbetreibers Martin Weber aus Hinterstein. Seit Jahren trägt er Kutschen und Dinge des täglichen Gebrauchs – Spiegel, Lüster, Windspiele, Rahmen, Skulpturen, Körbe und vieles mehr – aus ganz Europa zusammen. Manche finden das skurril. Tatsächlich bindet die Liebe des Erbauers alles harmonisch zusammen. Und das spürt man an jedem Fleck.

● Kutschenmuseum Hinterstein, 87541 Bad Hindelang-Hinterstein, Oberallgäu
● ÖPNV: Haltestelle Hinterstein Steinadler

Romeo und Julia

35 Liebespfad in Bad Hindelang

Unterhalb des traditionsreichen Hotels Prinz-Luitpold-Bad in Bad Oberdorf, einem Ortsteil von Bad Hindelang, führt ein schmaler Weg bis ans Ende des hauseigenen Geländes. Dort hebt ein traumhafter Glücksort an, durch den man (nicht nur) als Liebespaar ohne viel Aufhebens genussvoll lustwandeln kann. Vielleicht, um als rauschendes Finale am romantischen Schleierwasserfall zu enden: der Liebespfad. Der gut beschilderte Weg ist übrigens für jeden Grad der Liebe geeignet – von ganz frisch verliebt über jung vermählt bis zu langjährig gereift. Wie lang die kurze und idyllisch gelegene Romeo-und-Julia-Glücksstrecke währt, ist allein dem Besucher überlassen – ganz im Sinne von Wilhelm Busch: „Will das Glück nach seinen Sinnen / Dir was Gutes schenken, / Sage Dank und nimm es hin / Ohne viel Bedenken". Also den Kopf frei und voran. Durch ein metallenes Eingangstor, das einstmals Rosen umrankten und heute noch von zwei deckungsgleichen Herzen am Rundbogen verziert ist, beschreitet man diesen Pfad der Liebe. Wie im richtigen Leben führt er in sanften Schwüngen am Hang des Berges Iseler entlang. Mal geht es ein wenig hinauf, dann wieder leicht hinunter. Mal navigiert man eher auf Sicht, dann wieder öffnet sich der Horizont, und man hat alle Naturschönheiten dieser Gegend im Blick. Doch als Paar, Arm in Arm, nimmt man jede Wendung im festen Doppelschritt. Natürlich kann man auf diesem heimeligen Weg mit ein wenig Fantasie und Kreativität alle romantischen Register ziehen. Eine Reihe von Ruhebänken laden nicht nur zum gemeinsamen und innigen Verweilen ein, sie sind auch wie geschaffen für ein perfektes Picknick zu zweit. Das lässt nicht nur die Ameisen im Körper kribbeln, sondern auch die Schmetterlinge im Bauch tanzen. Und mag man sich gar nicht mehr von der Stelle bewegen – man muss den Schleierfall ja nicht zwingend erreichen. Dass der Liebespfad seine Süßholz raspelnde Wirkung entfaltet, bezeugen vereinzelte Initialen mit Herz am Wegesrand und auf den dafür vorgesehenen Bäumen.

- Liebespfad beim Hotel Prinz-Luitpold-Bad, Andreas-Gross-Straße 7, 87541 Bad Hindelang, Oberallgäu
- ÖPNV: Haltestelle Abzweigung Luitpoldbad

Streichelkur für die Seele

36

Moorstüble und Naturfreibad in Reichenbach

Es gibt Orte, an denen scheiden sich die Geister nicht. Zu dieser Kategorie zählt zweifellos das Moorstüble mit seinem Natur- und Moorbad. Das wird heute in dritter Generation geführt – seit 2004 von Barbara Brutscher. Schon aus einiger Entfernung wird klar, dass man hier richtig ist. Die Bestätigung folgt auf dem Fuß, sobald man das kleine Idyll betritt. Egal, was einem ins Auge fällt, die Wohlfühlskala legt sich voll ins Zeug. 4 Kilometer nördlich von Oberstdorf liegt dieses ruhige Juwel inmitten von Wiesen und Feldern in der sonnenverwöhnten Ebene zwischen dem Rubihorn-Nebelhorn-Entschenkopf-Bergmassiv und der Iller. Ursprünglich wurde hier über Tage Torf abgebaut. In den Fünfzigerjahren entsteht daraus das Moorschwimmbad mit einem Blockhaus daneben, das als Badehütte und Kiosk dient, in dem es Eis, Würstl, eine Sorte Bier, Süßigkeiten und Senfbrot gibt. Die Idee dazu hatte Albert Brutscher, damals Inhaber des Berggasthofs Hirsch in Reichenbach. Der Wirt wollte Gästen und Einheimischen ein Schwimmbad bieten. Dessen Becken legte man mit Holz aus und füllte es mit frischem Quellwasser – daran hat sich bis heute nichts geändert. Gut 30 Jahre später kommt eine Einkehrstube dazu, die Ende des Jahrhunderts ihr heutiges Aussehen erhält: das gemütliche Moorstüble mit Restaurant, Moorbad-Kiosk und schönem Biergarten inmitten alter Birken. Diese Kombi hat einen derart entschleunigenden Charme, dem man sich nicht entziehen kann. Allein das Bad im chlorfreien und naturbelassenen Wasser ist wie eine sanfte Streichelkur für die Seele – welch ein Genuss. Anschließend kann man sich auf der Liegewiese aalen oder im Biergarten einen köstlichen Heidelbeer-Schmand-Kuchen mit Cappuccino zu sich nehmen. Dann noch ein Bad – herrlich, wie das entspannt! Und am Abend lässt man den Traumtag in den Allgäuer Stuben des Moorstüble bei regionalen Spezialitäten in angenehmer Atmosphäre ausklingen. Könnte gut sein, dass der Songtext „So ein Tag, so wunderschön wie heute!“ hier geschrieben wurde.

TIPP

Der Wallrafweg führt oberhalb von Reichenbach mit Blick aufs Illertal bis nach Oberstdorf.

- Moorschwimmbad, Reichenbach 70, 87561 Oberstdorf, Oberallgäu
www.reichenbach-oberstdorf.de/freizeit-aktivitaet/naturfreibad.html
- ÖPNV: Haltestelle Reichenbach

Elegante Leichtigkeit

37 Annakapelle in der Kartause Buxheim

Die ehemalige Reichskartause Maria Saal in Buxheim war ein Kloster der Kartäuser und lag seit 1402 bis zur Säkularisation 1803 in den Händen des Konvents. Durch die Jahrhunderte hat es sich zu einem der bedeutendsten schwäbischen Klöster aufgeschwungen – zugleich der wichtigste Arbeitgeber im Ort. In seinem Innern beherbergt es trotz aller kartäusischen Nüchternheit so manch wertvollen Schatz, der lässt die Herzen der Betrachter höherschlagen. Sobald man die Kartause durch einen kleinen, fast unscheinbar wirkenden Eingang betritt, kann man sich der Historie, die das Gebäude atmet, kaum entziehen. Hinter einer Gittertür öffnet sich der 394 Meter lange Große Kreuzgang mit seinen Spiegelgewölben und den in Stuck ausgeführten Ornamenten – von hohen Rundbogenfenstern flankiert. Die fangen das Licht vom Innenhof ein und leuchten die Räume sanft aus. Rechteckig umläuft der Kreuzgang die Kartäuserkirche Mariä Himmelfahrt, die sein westlicher Arm in zwei Hälften teilt – in die Mönchskirche für die Priestermönche und in die Bruderkirche für die Laienbrüder, Klosterarbeiter und Dorfbevölkerung. Unweit davon erreicht man durch eine einfach gehaltene zweiflügelige Tür ein fantastisches Kleinod des Rokoko: die Annakapelle. 1508 vom Donatpriester Hilprand Brandenburg zum Gedenken an seine Mutter gestiftet, wurde sie gut 250 Jahre später dem Zeitgeist folgend umgebaut – Gotik war out, Barock in. Die Welle der Barockisierung traf die ganze Kartause – auch die Annakapelle. Baumeister Dominikus Zimmermann hat dabei aus dem Vollen geschöpft: das Kapellchen zeigt nun, was das Rokoko hergab. Mit warmen Lichteffekten, Unmengen Gold, überbordenden Verzierungen aus Stuck und wirkmächtigen Farben hat er einen von eleganter Leichtigkeit durchwehten Raum geschaffen, dessen Anmut den heutigen Besucher augenblicklich in den Tiefen seiner Seele berührt – und beglückt. Da hört man Meister Goethe den Faust förmlich dichten: „Werd' ich zum Augenblicke sagen: Verweile doch! Du bist so schön!"

TIPP

Sightseeing von Buxheim, vor allem am Reutenbach entlang mit Blick auf den Kirchberg.

● Kartause Buxheim, An der Kartause 15, 87740 Buxheim, Unterallgäu
www.kartause-buxheim.de
● ÖPNV: Haltestelle Abzweigung Weiher

Fest für die Sinne

38 Blaues Haus in Oberstaufen

Wer von Oberstaufens Schlossstraße aus in den Freibadweg eintaucht, trifft schon nach wenigen Metern auf ein blaues Wunder. Ein Wunder, das einem sofort ins Auge springt und aus vielen zauberhaften sowie verzaubernden Details besteht. Da wären zunächst das um 1900 errichtete, mit blau getünchten Holzschindeln verkleidete zweigeschossige Haus und die romantische Sonnenterrasse zu nennen, die man automatisch mit Illustrationen aus Büchern von Astrid Lindgren in Verbindung bringt und beim Betrachter für ein Heile-Welt-Feeling sorgen. Dazu gesellt sich noch der kleine verwunschene und blumenreiche Garten, in dem sich an sommerlichen Tagen unter orangen, roten, blauen, beigen und bunt gestreiften Sonnenschirmen lauschige Ruheoasen ein fröhliches Stelldichein geben. Kurzum, der äußere Eindruck allein ist bereits so einnehmend, dass man unausgesprochen ahnt, es wird ein Wiedersehen geben. Doch es kommt noch besser: Wer das Haus unter einem breiten Vordach hindurch betritt, das mit seinem weißem Gebälk nebst Rundbögen an Arkaden erinnert, erlebt ein nahezu unbeschreibliches Fest der Sinne. Das Blaue Haus entpuppt sich als schillernde Melange aus Café und Laden für stilvolle Wohn- und Deko-Accessoires. Was die beiden Geschwister Helen Strömberg und Marc Hertlein mit ihrem Blauen Haus in Oberstaufen geschaffen haben, fördert den Spaß am Einrichten und Gestalten der eigenen vier Wände. In jedem individuell dekorierten Raum warten unzählige Impulse auf den geneigten Besucher – Möbel, Textilien, Spiegel, Bücher, Bilderrahmen, Geschirr, Gläser und vieles, vieles mehr. Fast alles, was man dort sieht und findet, ist auch käuflich zu erwerben. Und weil das anregende Stöbern mitunter hungrig macht, finden sich über alle Räume verteilt Plätze, an denen man sich bei einer Tasse Tee, Kaffee und Kuchen oder einen warmen Speise entspannt niederlassen kann. Und so finden im Blauen Haus Gucken und Genießen in bester Wohlfühlatmosphäre zusammen. Wenn das kein Glücksort ist – was dann?

TIPP

Im Aquaria Erlebnisbad gibt's einen sehr guten Saunabereich, spitzenmäßig aber ist der Panoramablick.

● Blaues Haus, Freibadweg 2, 87534 Oberstaufen, Oberallgäu, Tel. (0 83 86) 9 80 77 04, www.blaueshaus-oberstaufen.de
● ÖPNV: Bahnhof Oberstaufen

MENÜ
frischer
Parmaschinken
mit
Melone - 12,90
Blaues Haus

Klein-Venedig

39 Terrassen am Stadtbach in Memmingen

Natürlich kann man die Stadt Memmingen schwerlich mit der Lagunenstadt Venedig vergleichen. Italienische Atmosphäre hat das „Tor zum Allgäu“, wie sich Memmingen gerne bezeichnet, trotzdem in petto. Die frühere Reichsstadt verfügt zwar nur über einen Kanal, der auch noch Stadtbach heißt, während es die Hauptstadt Venetiens auf imposante 175 Wasserstraßen bringt. Doch bei den Brücken fällt das Verhältnis beider Städte schon deutlich entspannter aus: Hier punktet Memmingen mit immerhin 209 Brücken, derweil Venedig auf 398 kommt. Doch wer über Memmingens historischen Marktplatz schlendert, fraglos das Herzstück der Altstadt, fühlt sich augenblicklich auf eine italienische Piazza gebeamt. In der malerischen Kulisse aus prachtvollen Bauten, farbenfrohen Häuserfassaden, Arkaden und Brunnen ist immer etwas los: Menschen flanieren, stehen zusammen, reden, lachen und nippen an ihrem Aperitivo. Dienstags und samstags geht‘s dort sogar noch eine Spur lebendiger zu, wenn der abwechslungsreiche Wochenmarkt die kopfsteingepflasterte Bühne bespielt, auf der Erdbeere auf Chili und vieles mehr trifft. Für vollends südländisches Flair und ansteckend gute Laune sorgen indes die idyllischen Terrassen, die den pittoresken Stadtbach – mal auf einer Seite, mal auf beiden – durch die gesamte Altstadt begleiten. Sobald die warmen Sommer- und Sonnentage Einzug halten, verwandelt sich Memmingens einziger Kanal mit seinen 32 Brücken, unter denen sich bis zu 4000 Forellen im klaren Wasser tummeln, in ein Klein-Venedig, wie man es nur aus Italien kennt. Dann erweitern Restaurants und Cafés ihren Service nach draußen, erobern Tische, Stühle und Bänke unter freiem Himmel die schmalen Bachgassen und spenden bunte Sonnenschirme willkommenen Schatten. Und als unmittelbare Folge bekommt man ein untrügliches Gespür dafür, was La Dolce Vita tatsächlich bedeutet. Und jeder – egal, ob Einheimischer oder Tourist – wird dann mit den Worten Goethes zum Augenblicke sagen: „Verweile doch! Du bist so schön!“

TIPP

Der Memminger Christkindlesmarkt auf dem historischen Marktplatz wartet mit rund 30 Ständen auf.

- Terrassen am Stadtbach, 87700 Memmingen, Unterallgäu
- ÖPNV: Haltestelle Weinmarkt

Nie wieder kalte Füße!

40

Holzschuhmanufaktur in Kierwang

Aschenputtel ist der schlagende Beweis dafür, dass Schuhe glücklich machen. So gesehen sind Schuhmacher Glücksbringer, ihre Werkstätten Glücksorte. Und das trifft auch auf die Holzschuhmanufaktur Schuh Keller in Bolsterlang-Kierwang zu, einem malerisch gelegenen Dorf mit herrlichem Weitblick übers Illertal. In dritter Generation und seit über 70 Jahren werden in dem Familienbetrieb Schuhe von Hand gefertigt – in Allgäuer Tradition und handwerklicher Qualität. Neben Haferln vor allem fellbesetzte Holzschuhe und Clogs, wie sie in diesen Gefilden seit jeher von den Landleuten getragen werden. Kein Wunder, sind sie doch besonders robust, fast schon unverwüstlich – einfach reinschlüpfen und fertig. Putzen? Pflegen? Nicht nötig! Im kleinen Ladengeschäft mit dem dahinterliegenden Werkraum, wo es typisch für einen Schuhmacher angenehm nach Leim und Leder riecht, stehen sie braun-weiß gefleckt in den Regalen. Kein Schuh gleicht dem anderen, da die verwendeten Felle ganz unterschiedlich sind – jede Fußbekleidung ein Unikat. Ein paar Hundert stellen Marco und Alexander Keller davon für die Einheimischen und Urlaubsgäste übers Jahr her, die sie im Geschäft, übers Internet und auf Allgäuer Märkten verkaufen. Große Konkurrenz müssen die beiden Brüder nicht fürchten, sind sie doch die Einzigen, die solche Holzschuhe komplett von Hand herstellen – hier in der Gegend mit Sicherheit, möglicherweise sogar bundesweit. Bis der Schuh den Fuß des künftigen Trägers schmückt und schützt, dauert es allerdings einige Zeit: Da wird gefräst und geschliffen, gestanzt und genäht, getackert und geklebt, lasiert und poliert. Viele Handgriffe sind dafür nötig. Selbstverständlich kommen dabei nur natürliche Materialien zum Einsatz. Die Sohle etwa ist aus Pappelholz – das hält den Fuß warm, ist weich und sehr leicht, was auch den Tragekomfort erhöht. Kurzum, der Keller-Schuh ist ein treuer Begleiter, der einem alles verzeiht: Egal, wie viel Schokolade der Träger isst, diese Schuhe passen immer.

TIPP

Ganz in der Nähe ist die Hörnerbahn, mit der man zur Bergstation (1540 Meter) gondeln kann.

- Schuh Keller Holzschuhmanufaktur, Ortstraße 21, 87538 Bolsterlang-Kierwang, Oberallgäu, www.keller-schuh.de
- ÖPNV: Haltestelle Kierwang

G10726
G10726

Kräuterlust und Seelenheil

41 Artemisia Kräutergarten in Hopfen

Wer das Paradies immer noch im Himmelreich vermutet, der kennt den Allgäuer Artemisia Kräutergarten wenige Kilometer südwestlich von Stiefenhofen nicht. Ein frei zugänglicher Glücksort par excellence. Wie aus dem Bilderbuch – so malerisch schön. Im Ortsteil Hopfen – unweit der B308 und drei Höhenzüge vom 1834 Meter hohen Hochgrat entfernt – im sogenannten Land um die Linde hat sich dieses Paradies auf Erden wie ein Gesamtkunstwerk über das 18 Fußballfelder messende Kulturland drapiert. Streuwiesen reihen sich an Mäh- und Waldweiden neben Streuobstwiesen, Acker und Gartenanlage. Hier plätschert ein Bach, dort ruht ein von Bäumen und Büschen umstandener Teich. Mehrere Hundert Kräuterarten sorgen für ein so farbenfrohes und duftendes Schauspiel, dass man es, während ihrer Blütezeiten einmal genossen, nicht mehr vergisst. Zudem kann der Besucher an verschiedenen schattigen Meditationsplätzen inmitten herrlichster Natur seinen Sinnen freien Lauf lassen und in stiller Andacht lebensschöpfende Kraft tanken. Zu verdanken ist dies irdische Glück dem im März 2016 verstorbenen Landwirt Tilmann Schlosser. Vor über 20 Jahren kaufte er das Land mit Hof, das als „am Ende" galt. In liebevoller und mühevoller Handarbeit hat er es mit großer Leidenschaft zu neuem und vitalem Leben erweckt. Sein Werk wird seither von einem Team Gleichgesinnter weitergeführt. Alles, was auf dem Gelände des Artemisia Kräutergartens gehegt, gepflegt, geerntet und verarbeitet wird, gibt es vor Ort im einladend wirkenden Hof- oder auch Kräuterladen zu entdecken, zu bestaunen und zu kaufen. Darunter finden sich unter anderem eigene Tees wie der Allgäuer Alpenfrieden, Blütenzauber und Wohltuer, auch Kräutersalze und Räucherwerk – und vieles mehr. Und nebenan in der Gaststube – das reinste Gedicht – werden mittwochs bis sonntags Tees und Kaffee aus eigener Herstellung in gemütlicher Atmosphäre kredenzt. Ein Traum! Der lateinische Name Artemisia geht übrigens auf den Gemeinen Beifuß, die „Mutter aller Kräuter", zurück.

- Artemisia Kräutergarten, Hopfen 29, 88167 Stiefenhofen, Westallgäu
www.artemisia.de
- ÖPNV: Haltestelle Abzweigung Hopfen

Lebendige Erinnerung

42 Deutsches Hutmuseum in Lindenberg

Dass Paris die französische Hauptstadt ist, weiß jedes Kind. Aber dass es auch mal ein Klein-Paris der Hutmode im Westallgäu gab, wissen nur die wenigsten: in Lindenberg. Das ist über 100 Jahre her. Mehr als 30 Strohhuthersteller tummelten sich einst an diesem Ort, den jährlich an die acht Millionen Hüte verließen – das Gros war für Männerköpfe gedacht. So hat es Lindenberg zum Herrenstrohhutzentrum Deutschlands gebracht. Von hier aus zog der Kopfschmuck in die ganze Welt – allen voran der berühmte Matelot, wegen seiner prägnanten Form gelegentlich auch Kreissäge oder Matrosenhut genannt. Er war das beste Stück der dortigen Hutmacherei. Ein echter Renner, der rund um den Erdball anzutreffen war und Abermillionen Köpfe behütete. Doch schließlich kam, was kommen musste: Mit der Hutmode ging es rapide bergab. In den späten Sechziger- und Siebzigerjahren tritt der Kopfputz zusehends seinen Rückzug an. Da aber glücklich nur der, wer nicht vergisst, hat Lindenberg seiner Hutgeschichte 2014 ein großes Denkmal gesetzt – und aus der einst größten Hutfabrik Ottmar Reich das einzigartige Deutsche Hutmuseum gemacht. Dort taucht der Besucher in die illustre Kulturgeschichte des Hutes ein, begegnet verschiedenen Stilen und Moden der jeweiligen Zeit, lernt die lokale Huthistorie und das Besondere dieses Handwerks kennen und schätzen. Und auf Schritt und Tritt läuft die eigene Erinnerung mit: Plötzlich sieht man sich an der elterlichen Hand durch die behütete Kindheit gehen. Und den Vater, wie er den Hut zieht vor Leuten, die er kennt und die seinen Weg kreuzen. Oder wie Mutter vorm Spiegel den korrekten Sitz ihres Hutes prüft, bevor sie das Haus verlässt. Über vier Etagen des Museums sind rund 5000 Exemplare verteilt: ein Memory der eigenen Hutgeschichte, ein nostalgischer Ort, der das Herz erwärmt und berührt. Doch es gibt noch so viel mehr zu entdecken: einen kunstvollen „Huttornado“ etwa und ein begehbares Fabrikationsregal – einfach umwerfend. Chapeau! Hut ab!

● Deutsches Hutmuseum Lindenberg, Museumsplatz 1, 88161 Lindenberg, Westallgäu, Tel. (0 83 81) 9 28 43 20, www.deutsches-hutmuseum.de
● ÖPNV: Haltestelle Hutmacherplatz

Modellhut
1960
1970
Modellhut

Zeit für Meditation

43 Besinnungsweg bei Nesselwang

Dieser Glücksort ist gut 4 Kilometer lang und beginnt etwa 1000 Meter Luftlinie östlich von Nesselwang an der Rindegger Tanne, die man dort unter diesem Namen bestens kennt. Und an dem Ausgangspunkt findet man sich nach einer Stunde Gehzeit auch wieder ein. Das ist für alle Alters- und Gewichtsklassen durchaus mühelos machbar, würde aber den eigentlichen Sinn des Besinnungsweges GE(h)ZEITEN mit den sechs Meditationsstationen schlichtweg hintertreiben. Schließlich wollen sie den Pilger ermuntern, über sich, Gott und die Welt nachzudenken. Für kleine, aber feine hilfreiche Impulse sorgen die verschiedenen Stationen (S), denen jeweils ein Thema zugeordnet ist: „Ich mache mich auf den Weg" (S1), „Zeit für mich" (S2), „Zeit für andere" (S3), „Zeit für Gott" (S4), „Zeit für die Schöpfung" (S5) und „Die Zeit läuft weiter" (S6). Wer mit christlichen Gedanken dieser Art nichts am Hut hat, sollte sich dennoch nicht davon abhalten lassen, den Weg zu beschreiten. Bei Bedarf kann ihn jeder in seinem Sinne umwidmen – für den einen ist er dann eben ein Pfad der Kontemplation, für den anderen einer der Erleuchtung. Alles ist möglich, die Gedanken sind frei. Lohnenswert ist das Unterfangen jedenfalls allemal. Allein schon wegen der schönen Einbettung des Besinnungswegs in die bezaubernd-verzückende Voralpenlandschaft des Ostallgäus, die einen auf Schritt und Tritt still und leise begleitet. Das ist – ohne Übertreibung – wie ein Streichelzoo für die Seele. Die vielen naturnahen Eindrücke – hier eine saftige Wiese, dort ein kleines Wäldchen, das man passiert, und der sich weitende Blick über den kleinen Attlesee hinaus – tragen schnell fühlbar Früchte. Schon nach wenigen Metern spürt der besinnliche Geher, wie ihn eine zunehmende Ruhe überkommt und sich seine Wahrnehmung schärft. Ob man der herzlichen Einladung der sechs Stationen mit ihren Stelen zum Verweilen nun folgt oder nicht, auf jeden Fall tankt man unterwegs Kraft und nimmt bewusst etwas mit.

● Besinnungsweg GE(h)ZEITEN, Rindegger Tanne, Marktoberdorferstraße 42, 87484 Nesselwang, Ostallgäu
www.nesselwang.de/gehzeiten-im-allgaeu.html

Fliegende Edelsteine

44

Schmetterling-Erlebniswelt in Pfronten

Wer es für ein kleines oder gar großes Glück hält, eine Weile lang in exotische Welten mit subtropischem Klima und hoher Luftfeuchtigkeit bei 25 Grad einzutauchen – egal, ob es draußen stürmt oder schneit, regnet oder die Sonne lacht –, der ist in der Allgäuer Schmetterling-Erlebniswelt bestens aufgehoben. Außerdem kann man hier sein zauberhaft-buntes Wunder erleben: fliegende Farbtupfer mit Spannweiten von bis zu 26 Zentimetern. Im größten Falle sind es die gelb- bis rotbraunen Atlasspinner aus China, die zu den größten Schmetterlingen der Welt zählen. Mit ihnen flattern im fröhlich anmutenden Wettstreit um den begehrten Nektar weitere Artgenossen aus Südamerika, Afrika und Asien. Vom Kometenfalter mit den leuchtend gelben Flügeln und dem großen braunen Auge mit schwarzem Punkt darin über die getigerten Passionsblumenfalter und den vergleichsweise kleinen Schwalbenschwanz bis zum Blauen Morphofalter, der mit den leuchtend blau schimmernden Flügeln. Nur selten kommt man diesen wunderbar aussehenden und äußerst empfindlichen Flugkörpern so nah wie in diesem privat geführten Schmetterlingsparadies, das vormals das Gewächshaus der Gärtnerei Hartmann war. Und mit etwas Glück kann man während seines Besuchs mit eigenen Augen erleben, wie sich ein neuer Schmetterling aus seiner Puppe löst und buchstäblich das Licht der Welt erblickt. In der kann er sich dann innerhalb dieses Biotops für wenige Tage oder Wochen frei entfalten. Mitunter lassen sich die flinken Flieger sogar federleicht auf der Schulter oder Hand des Besuchers nieder. Und das zaubert jedem ein glückseliges Lächeln ins Gesicht – ob Groß oder Klein! Wem nach so viel tänzelnder Kunstfliegerei der Sinn nach duftendem Kaffee, erfrischendem Saft, leckerem Kuchen oder fruchtigem Frühstück wie „Tropicana“ steht, kann dies in ruhiger Atmosphäre im Stein-Oasen-Café genießen. Hier findet sich auch eine kleine Bibliothek, in der man sein Wissen über die zuvor live erlebten fliegenden Edelsteine weiter vertiefen kann. Glück auf!

TIPP

Ganz in der Nähe, im Steinrumpelweg 13, lockt das Café Glück mit feinen Kuchen und herrlichem Blick.

- Allgäuer Schmetterling-Erlebniswelt, Gernweg 5, 87459 Pfronten, Ostallgäu, Tel. (0 83 63) 3 93, www.schmetterling-erlebniswelt.de
- ÖPNV: Bahnhof Pfronten-Weißbach

Bauch voller Genüsse

45

Markthalle in Füssen

Die Schrannengasse, die sich seit Jahrhunderten wie ein länglicher Keil in die Füssener Altstadt treibt, war zuvor als „auf dem Kornplatz" oder „beim Kornhaus" bekannt, um im 18. Jahrhundert unter bayerischem Einfluss als „Schranne" zu enden. Am Ende der Südseite des Platzes, wo er scharf ums Eck in die pflastergesteinte Brunnengasse übergeht, steht mit der Hausnummer 12 eines der wohl am häufigsten fotografierten Gebäude der Gegend, des Allgäus, ja, womöglich sogar darüber hinaus: das alte städtische Kornhaus mit der wuselig-putzigen Markthalle in seinem historischen Bauch. Viele Jahrhunderte bestimmte an gleicher Stelle der Getreidehandel das Geschehen – in Säcken geliefert, gelagert und verkauft –, bis dessen Bedeutung schwand. Danach parkten erst Feuerwehrgeräte, dann Löschfahrzeuge darin. Deshalb steht an der getünchten Fassade mit den rot-weißen Fensterläden bis heute über den Eingangstüren in Frakturschrift auf geschwungenem Band „Feuerhaus" geschrieben. Seit gut 20 Jahren nun schon hat sich hier die Markthalle als feste Glücksortgröße etabliert. Selbst wer sie nicht sucht, findet sie schnell. Sogar mit geschlossenen Augen der Nase blind folgend landet man treffsicher in diesem säulengestützten und kreuzgewölbten Genusstempel, der jegliche Art von Hunger stillt. Auf nur 300 Quadratmetern bieten hier sechs Stände deliziöse Leckereien an. Da gibt es Fisch und Krustengetier, insbesondere die Fischsuppe von Geiger ist ein lukullischer Tipp. Daneben farbenfrohes und vitaminreiches Obst und Gemüse von bester Qualität. Und erst das aromatische Odeur der Gewürze, die den Raum durchdringen, oder die köstlichen Spezialitäten aus dem Frankenland. Auch Wein und Bier, gastronomisch kredenzt, nebst Brot und Kaffee munden sehr. Allerdings ist die Markthalle mit leicht südlichem Touch nicht nur beliebt, sondern auch belebt. Der Besuch lohnt dennoch, nicht zuletzt, weil man Einheimische hautnah im ausgelassenen Miteinander erleben kann.

TIPP

Gegenüber der Markthalle lädt der symbolträchtige Brotbrunnen mit massigen Sitzen zum Verweilen ein.

- Markthalle, Schrannengasse 12, 87629 Füssen, Ostallgäu
- ÖPNV: Bahnhof Füssen

WC
HOME

Zwei Schwestern, ein Traum

46

Café Sisters in Mindelheim

Wer sich von der unbändigen Lebensfreude der Zwillinge Yesim Karatas und Esin Acer anstecken lassen will, hat keine Wahl: Der muss in die Kreisstadt des schwäbischen Landkreises Unterallgäu nach Mindelheim. Hier leben die Schwestern seit vielen Jahren mit ihren Familien und hier haben sie auch ihren gemeinsamen Lebenstraum im Februar 2017 verwirklicht: das Café Sisters. Vom Marienplatz aus, dem pittoresken Zentrum der historischen Altstadt, liegt es nur wenige Schritte die Maximilianstraße hinauf. Gleich neben dem rosafarbenen Rathaus mit dem prachtvollen Eckerker, das seit 1783 im ehemaligen Weberhaus residiert. Unter dem üppigen Ausleger mit der dampfenden Kaffeetasse gewähren große Fenster Einblick ins schmucke Interieur. Die gesamte Einrichtung, alles haben die Schwestern mit Herzblut geplant, gemacht und getan – vom dunklen Holzboden über die Seitenbänke und Loungeecke am Kamin bis zu den an Zahnrädern hängenden Lampen. Jedes noch so kleine Detail trägt ihre Handschrift. Sobald man das Café betritt, stellt sich eine warme Heimeligkeit ein. Das Wohlgefühl steigt, wenn die Bedienung wortreich, geradezu geschmacksverstärkend, durchs täglich wechselnde hausgemachte Kuchenangebot führt. Selbst das Servieren geschieht mit leuchtenden Augen, die von der leidenschaftlichen Backkunst der Kuchenmacherin zu zeugen scheinen. Zu Recht! Die Windbeuteltorte mit Himbeeren ist ein Gedicht, der Käsekuchen mit Baiser himmlisch, die Maulwurftorte unwiderstehlich. Wer hier einkehrt und das Dargebotene genießt, versteht, warum das Café Sisters immer gut besucht ist – drinnen sind 60 Plätze, draußen nochmal so viele. Außer Kuchen stehen auch köstliche Frühstücke, feine Panini-Kreationen und leckere Salate auf der Karte. Der Kaffee kommt von Julius Meinl, den gibt es in ganz Mindelheim nur hier. Obwohl der Laden brummt, will keine Hektik aufkommen, das Team bleibt herzlich und freundlich. Und die Chefinnen? Die sind überglücklich, sie leben ihren Traum. Das strahlt auch auf die Gäste ab!

TIPP

Ein Gang durch die historische Altstadt mit den bunten Fassaden der Bürgerhäuser ist eine Augenweide.

● Café Sisters, Maximilianstraße 24, 87719 Mindelheim, Unterallgäu, Tel. (0 82 61) 7 59 69 57, www.cafesisters.de

● ÖPNV: Haltestelle Hermelestraße

Elly

Zum Verlieben schön!

47 Hörmann-Haus in Immenstadt

Immenstadt ist das Tor zum Naturpark Nagelfluhkette. Wer den ersten grenzüberschreitenden Naturpark zwischen Deutschland und Österreich mit seinen acht Gipfeln trittsicher in Angriff nehmen will, kommt an der ebenso kleinen wie traditionsreichen Residenzstadt zu Füßen der Hausberge Mittag und Horn nicht vorbei. Tatsächlich hat das Städtchen seinen Besuchern einiges zu bieten. Ganz gleich, welchen Erkundungskurs man auch einschlägt, auf Schritt und Tritt gibt sie etwas aus ihrem historischen Fundus preis. Und der reicht viele hundert Jahre bis 1275 zurück. Aus jenen mittelalterlichen Tagen ist jedenfalls die erste urkundliche Nennung als „Imendorf" belegt, wenige Jahrzehnte später reifte sie zur Stadt. Besonders pittoresk muten die schmalen Gassen an, die durch den idyllischen Stadtkern mäandern. Der lockt mit vielen lauschigen Plätzchen zum entspannenden Verweilen – etwa der Marienplatz mit der gleichnamigen Säule, der Park der Villa „Edelweiß" (Adolph-Probst-Straße 6) samt seiner reizvollen Skulpturen und natürlich der über vier Zugänge einladende Klostergarten mit dem reich verzierten Brunnenbecken als Mittelpunkt. Unweit davon, am Klosterplatz direkt neben St. Josef, der Kirche des ehemaligen Kapuzinerklosters, dessen Westfassade ein Volutengiebel schmückt, steht ein 260 Jahre altes und denkmalgeschütztes Juwel. Kaum hat man es erblickt, ist es um einen geschehen. Faszination des Lieblichen. Unweigerlich fühlt man sich von dem geschindelten Bauernhaus mit den Fensterläden an der Stirnseite und den rot, rosa und weiß blühenden Geranien davor magisch angezogen. Das Gute, Schöne, Wahre – all das verkörpert das Hörmann-Haus. Früher beherbergte es die unterschiedlichsten Gäste, eine Bäckerei und das örtliche Heimatmuseum waren auch dabei. Seit 1993 ist darin eine Töpferei untergebracht, wie es in riesigen Lettern an den Fassaden prangt. Gleichwohl ist das Schmuckstück dermaßen erbaulich und beschaulich, dass man sich glatt stundenlang darin verlieren könnte.

TIPP

Wenn man schon am Hörmann-Haus ist, sollte man unbedingt die Töpferei darin besuchen.

● Hörmann-Haus, Klosterplatz 3, 87509 Immenstadt, Oberallgäu
www.hoermannhaus-toepferei.de
● ÖPNV: Busbahnhof Immenstadt

TÖPFEREI
TÖPFEREI

Steinaltes Glück

48

Stadtmauer in Kaufbeuren

Auf dem Hochuferhang im Nordwesten der Altstadt Kaufbeurens stehen zwei weithin sichtbare Türme: Der Fünfknopfturm, das Wahrzeichen der Stadt, auch „Wächter über Kaufbeuren“ genannt, diente der früheren freien Reichsstadt lange als Brandwache. Und der Turm der St.- Blasius-Kirche, der aus dem 15. Jahrhundert stammt und einst als Wehr- und Wachturm fungierte. Beide zählen zu den Top-3-Sehenswürdigkeiten Kaufbeurens, während der eigentliche Glücksort auf keiner Rangliste steht. Dabei führt kein Weg daran vorbei – egal, ob man sich ihm über die Innenstadt oder den Schießstattweg nähert. Der Grund dafür ist offensichtlich, denn er ist zwischen den beiden Turmattraktionen eingepfercht und misst knapp 200 Meter: die historische Stadtmauer. Sie verbindet den 33 Meter hohen Fünfknopfturm, der seinen Namen den vier kleinen Erkertürmchen und der Hauptspitze verdankt, nahtlos mit dem mächtigen Blasiusturm, auf dem ein kegelförmiges Dach thront. Die ursprüngliche Befestigungsanlage datiert um 1200 und hatte eine Gesamtlänge von 1,5 Kilometern. Sie umfasste drei Tore und neun Wehrtürme und legte sich schützend um die Stadt. Erst 200 Jahre später, als die inzwischen zur Reichsstadt erhobene Stadt es zu einigem Wohlstand gebracht hatte, wurde die Stadtmauer durch einen überdachten Wehrgang erweitert, was sie zugleich erhöhte. Etwa zur selben Zeit entstanden auch der Fünfknopfturm und der Kirchturm. Wer die Stadtmauer heute entlangläuft, sie mit der Hand berührt und sich vorstellt, wie es damals wohl war, wünscht sich, die Wände könnten sprechen. Es dürften abendfüllende Geschichten sein. Falls sie jedoch wider Erwarten schweigen sollten, kann sich der Besucher immer noch an dem bei Sanierungsarbeiten entdeckten „Schlupf“ in der Mauer neben dem Eingang zu St. Blasius erfreuen. Dem Schlussstein im Türbogen, so steht es auf einer Tafel geschrieben, wurden magische Kräfte zugeschrieben. Wenigstens den kann man streicheln und hoffen, dass der alte Zauber noch immer wirkt.

TIPP

Von der Mauer hat man einen der schönsten Blicke auf die Altstadt, an schönen Tagen bis zu den Alpen.

● Stadtmauer, An der Stadtmauer, 87600 Kaufbeuren, Ostallgäu
● ÖPNV: Haltestelle Kemptener Tor

Rauschende Wassermusik

49

Im Naturschutzgebiet Eistobel

Zwischen Isny und Stiefenhofen gibt es einen mindestens 3,5 Kilometer langen Glücksort, der sein Antlitz im Jahresverlauf ständig ändert. Vor allem im Winter ist er, wenn man ihn nur aus Sommertagen kennt, nicht wiederzuerkennen. In der kalten Jahreszeit trägt er nämlich eine ganz besondere Pracht: Sein zu Eis erstarrtes Wasserkleid hängt dann wie eine Raffgardine mit viel Kräuselband an ihm herab. Diese bizarren Eisbildungen im Winterwunderland sind aber nicht nur umwerfend schön, von ihnen rührt auch sein Name her: Eistobel. Doch auch im aufgetauten Normalzustand zwischen Frühjahr und Herbst ist die enge, bewaldete und von einem Bach durchflossene Schlucht – das verstehen Allgäuer unter einem Tobel – bei Grünenbach immer eine Glücksreise wert. Vier Wanderwege kann man hier einschlagen, von 1,5 bis 4 Stunden lang. Zu sehen gibt es genug: Riesige Steinbrocken, massive Felswände, tosende Wasserfälle und tiefe Strudellöcher heißen den Besucher feucht-fröhlich und natursatt willkommen. Über mehrere Stufen hinweg hat sich die Obere Argen beharrlich über Tausende von Jahren durch das vorhandene Gestein genagt: Teils riesige und bis zu 130 Meter hohe Felswände flankieren den Wanderer auf seinem Weg. Unmittelbar nach dem Eingang (mit Kasse) und dem Infopavillon, in dem Kurzfilme einem viel über dieses Naturphänomen verraten, steigt man über zahlreiche Stufen zur Oberen Argen hinab. Dort plätschert sie noch niedlich dahin – ganz gemächlich, ohne Eile. Manchmal vom Kuhglockenklang des Braunviehs untermalt, das gegenüber am Hang auf der Weide grast. Weiter geht man mit sanfter Steigung stromaufwärts an einer Streuwiese und Waldlichtung vorbei. Mit jedem Meter schwillt die wilde Wassermusik an – von den ersten Fällen, über die der Fluss über mehrere Kaskaden hinabpurzelt, bis zum rauschenden Finale am großen Wasserfall mit dem 18-Meter-Sturz. Noch vieles kann man dort entdecken, die Wahl trifft man selbst. Garantierter Glücksgenuss!

TIPP

Ein Besuch der Sennerei Grünenbach (Sennerstraße 2) lohnt, da gibt es Heumilchkäse in Bio-Qualität.

● Eistobel, Hauptstraße 85, 88167 Grünenbach, Westallgäu
www.eistobel.de
● ÖPNV: Haltestelle Eistobelbrücke

Irisches Allgäu

50 Pat Murphy's Irish Pub in Isny

Wer Sehnsucht nach Irlands grünen Wiesen und die Hügel zierenden Klee verspürt, muss nicht gleich den nächsten Flieger buchen. Für eine schnelle Dosis „Grüne-Insel"-Glück reicht es vollkommen, wenn man sich ins württembergische Allgäu nach Isny in die Wassertorstraße 37 begibt. Dort betreibt Thomas Heine mit seiner Partnerin Emer Kearney seit Jahren eine irische Enklave, die sehr nah ans insulare Original reicht: Pat Murphy's Irish Pub. Seine Liebe zu Irland – dem Land, den Leuten und ihrer Musik – war eine auf den ersten Blick und vertiefte sich mit jedem Inseltrip. So reifte in ihm die Idee, das heimische Allgäu mit einem Stück irischer Kultur zu beglücken. Da man echte irische Lebensfreude bekanntlich am besten kennenlernt, wenn man einen Pub aufsucht, eröffnete er eine Kneipe in irischem Look-and-Feel. Schon an der Fassade des mehrgeschossigen Hauses in der Fußgängerzone zwischen Rathaus und Wassertorturm zeigt sie Flagge mit den irischen Biermarken Kilkenny, Guiness und Harp Flagge. Auch das Nationalsymbol grüßt von der Wand: das dreiblättrige Kleeblatt, shamrock genannt. Und was man schon draußen erkennt, setzt sich drinnen nahtlos fort. Sobald man den Fuß über die Türschwelle setzt, wird der Besucher von der typischen „Wohnzimmer-Atmosphäre" umhüllt, für die irische Pubs rund um den Globus berühmt sind: uriges Mobiliar aus dunklem Holz, knarzender Dielenboden und überall Dekoration – die getäfelten Wände sind mit Devotionalien herrlich übersät: Fotos und Bilder, gerahmt oder nicht, neben Postern mit irischen Castles. Hier leuchtet eine Bierwerbung, dort hängt ein Banjo an der Wand und eine Fahne unter der Decke. Auch Plakate irischer Singer/Songwriter, die zu den ganz großen Stars der irischen Folkmusikszene zählen wie Andy Irvine, schmücken den Raum. Überhaupt finden im Pat Murphy's auf kleiner Bühne regelmäßig Liveauftritte statt. Dazu ein, zwei irische Biere vom Fass oder ein Whiskey, ganz nach Belieben, und schon durchweht der „Irish Heartbeat" die isnysche Nacht.

TIPP

Das Wasser-tor-Museum im Stadttor informiert über die frühere Nutzung zum Schutze der Stadt.

- Pat Murphy's Irish Pub, Wassertorstraße 37, 88316 Isny, Westallgäu, Tel. (0 75 62) 34 42, www.patmurphys.de
- ÖPNV: Haltestelle K.-W.-Heck-Straße (Gymnasium)

PAT
MURPHY´S
Irish Pub
ILKENNY
IRISH BEER
GUINNESS
17 59
GUINNESS
GUINNESS
IRELAND
EXPLORE
GUINNESS
Bei schönem
Wetter ist unser
kleiner Biergarten
Terrasse hinten
auch geöffnet
SLAINTE
MURPHY'S
BULMERS

Die plätschernde Stadt

51 Brunnen-Bummel in Wangen

Beide Hände ins Wasser tauchen, ist Glück – besagt ein afrikanisches Sprichwort. In der Stadt Wangen kann man das zur Genüge. Immerhin trägt sie den Beinamen „Stadt der schönen Brunnen". Aber Achtung, dieses Juwel mit der historischen Altstadt ist eine einzige Gefahrenzone: Überall droht Liebe auf den ersten Blick! Sobald man auch nur einen Fuß in das pittoreske Städtchen am Ufer der Argen mit seinen kopfsteingepflasterten Straßen, lauschigen Gassen und lieblichen Plätzen setzt, ist es buchstäblich um einen geschehen. Die imposanten Türme und Tore sowie die herausgeputzten Fassaden der schmucken Patrizier- und Handwerkerhäuser mit den kunstvoll geschmiedeten Auslegern – die den Charme des jahrhundertealten Stadtkerns ausmachen – sind von betörender Schönheit. Auch deshalb stehen sie wohl seit über 40 Jahren unter Denkmal- und Ensembleschutz. Zum Glück gibt es hier übers ganze Stadtgebiet verteilt mehr als 20 teils sehr ausgefallene, vor allem aber plätschernde Brunnen. In denen kann man das aufkommende Boogie-Woogie-der-Gefühle abkühlen. Dabei tragen die steinernen, gusseisernen und bronzenen Brunnen so überaus originelle Namen wie Amtsschimmel-, Badstuben- oder Eselbrunnen – sogar ein Spuckbrunnen findet sich darunter. Mit Letzterem hat man den „verdruckten Allgäuern" vorm Pfaffenturm am Weg vom Markt- zum Postplatz, also dort, wo die Ober- in die Unterstadt übergeht, ein Denkmal gesetzt. Auf dessen Sockel finden sich einige allgäuerische Sprüche wie „Nix gsagt ischt gnuag globet". Vor allem aber trifft sommers den ahnungslos Vorübergehenden mitunter ein feiner Wasserstrahl – was dem überraschten „Opfer" erst einen Aufschrei und dann ein Lächeln entlockt. Humorfrei ist auch der Badstuben- oder Kopfwäschebrunnen nicht, der an der Stadtmauer am Argenufer steht und zu den Figurenbrunnen zählt. Er zeigt eine entschlossene Frau, die einem sich sträubenden Mann „den Kopf wäscht". Und wenn man dann beim Brunnen-Bummel die Hände ins Wasser taucht, bringt das Glück.

TIPP
Unbedingt die 500 Jahre alte Bäckerei und Gaststätte Fidelisbäck in der Paradiesstraße 3 besuchen!

- Brunnen, Marktplatz, 88239 Wangen, Westallgäu
- ÖPNV: Haltestelle Karlstraße

Apollo
Gleitsichtwochen
JEDE GLEITSICHTBRILLE
ZUM PREIS EINER
EINSTÄRKENBRILLE.
SALE
70%
€20

Lecker Käse

52 Beim Bantschar in Pfronten

Glück kann man nicht kaufen. Aber Käse. Und den gibt es Beim Bantschar in Pfronten in großer Auswahl. Im alten elterlichen Hof haben Franz und Gitte Trenkle vor über 20 Jahren liebevoll ihren Bauernladen eingerichtet. Dort, wo einst das für die Region typische Braunvieh stand, im Kuhstall. An die alten Tage erinnert aber nur noch der Eingangsbereich zum Käslade, der auf wenigen Metern durch ein kleines Bauernmuseum führt. Darin findet man imponierende Ausstellungsstücke, mit denen die Eltern einst die tägliche Hofarbeit verrichteten. Ein meterlanger Heuwagen ist da zu sehen, auch alte Schränke, Bänke und ein Spinnrad. Hier hängen Milchkannen, da stehen Tröge, Schüsseln und ein mächtiger Kessel. Überall sind Geräte verteilt, die man zur Milchverarbeitung brauchte. Das Ganze wird von historischen Schwarz-weiß-Fotografien flankiert, sodass man ein sehr lebendiges Bild vom damaligen Hofalltag gewinnt. Wer jetzt etwas Appetit verspürt, stößt im angrenzenden Käslade auf eine große Auswahl kulinarischer Feinkost. Zuerst fällt die lange Theke ins Auge, in der sich die Käselaibe in fein abgestuften Gelbtönen leuchtend stapeln – alle regional, meist Bio, vor allem aber natürlich. Dort liegen Hochalp- neben Heublumenkäse, Allgäuer Emmentaler und Weißer Geißer. Auch Romadur und Pompadur sowie Bergkäse – alt, mittel und jung. Pfefferbeißer, Wildsalami, Allgäuer Wiesenhonig, Bergbutter und vieles mehr runden das Angebot ab. Schmackhafteste Gaumenfreuden! Die Milch für den Ziegenkäse stammt übrigens vom eigenen Bioland-Geißehof, nur wenige Meter vom Laden entfernt. Über 100 Geißen fressen sich dort durch bestes Futter, das von umliegenden Weiden und Bergwiesen stammt und rund 50 Arten von Gräsern und Kräutern enthält. Ihre Heumilch wird in der Hofkäserei Leiner (Sulzberg) und der Sennerei Obere Mühle (Bad Hindelang) zu wunderbarem Frisch-, Weich- und Hartkäse verarbeitet und später beim Bantschar im Käsladen verkauft. Eine runde Sache. Und Stück für Stück pures Glück.

TIPP

Die Meisterbäckerei Mautz in der Allgäuer Straße 55 backt nach eigenen Rezepten. Hm … sehr lecker!

- Beim Bantschar Käseverkauf, Tiroler Straße 38, 87459 Pfronten, Ostallgäu, Tel. (0 83 63) 92 84 67, www.bantschar-kaeseverkauf.de
- ÖPNV: Haltestelle Pfronten-Dorf

Käslade
Ziegenkäse
Ziegenbutter
Ziegenwurst
Griaß Di!
Neu!
3 Milchkäse
Kuh - Ziege - Schaf
Schaf-camembert

Wunder aus Eichenholz

53 Buxheimer Chorgestühl

Am Anfang dieses Glücksortes stand ein heftiges Gemetzel, dem 200 Eichen aus den Klosterwäldern zum Opfer fielen. Daraus zauberte der junge Holzschnitzer Ignaz Waibl aus Grins/Tirol mit seinen Gesellen in 4 Jahren (1687–1691) das prachtvolle Chorgestühl, das zu Zeiten der Reichskartause Buxheim nur die 22 Priestermönche zu sehen bekamen. Die hatten sich im strengsten Orden der katholischen Kirche dem Gebet verschrieben, dessen Regel eine Mischung aus Eremitenleben und Gemeinschaft war. Einsamkeit und Verschlossenheit gegenüber der Welt bestimmte ihren Tagesablauf. Heute ist das Chorgestühl für jeden zugänglich, das nach der Säkularisation eine gut 100 Jahre dauernde Odyssee erlebte – zunächst kam es unter den Hammer, landete in England und gelangte 1980 wieder nach Buxheim. Dort wurde es über 3 Jahre und für 2 Millionen Mark aufwendig restauriert. Das war es wert! Denn was zählt, ist, was man sieht – und das ist so großartig und unglaublich schön, dass es einem bei genauer Betrachtung den steinernen Boden unter den Füßen wegzieht. Dies einmalige Kunstwerk von europäischem Rang lässt den bewegten Besucher verstummen oder in ein staunendes „Oh!“ ausbrechen. Drei Ebenen bestimmen das U-förmig arrangierte Gestühl, das aus Hunderten geschnitzten Elementen besteht – aus gedrehten Säulen, blumigen Kränzen, rankenden Pflanzen, Engeln und anderen Figuren. Hier hat der Künstler seine unerschöpfliche Fantasie ausgelebt. Unten an den Pultvorderseiten tummelt sich sichtlich das Böse, das in der Welt wütet und diese zu verschlingen droht. Vor dem inneren Auge sieht man förmlich die in weiße Kutten gekleideten Mönche den Raum betreten. Über zwei Stufen nehmen sie im hellbraunen Gestühl Platz, wobei sie die dunklen Mächte unter sich mit ihren Füßen in Schach halten. Die Rückwände des Gestühls zieren Ordensbrüder, und darüber – auf dem Gebälk – haben die zwölf Apostel ihren beschützenden Auftritt. Wohlbehüteter geht nicht! Welch ein Glück, solch große Kunst zu sehen.

● Kartause Buxheim, An der Kartause 15, 87740 Buxheim, Unterallgäu
www.kartause-buxheim.de
● ÖPNV: Haltestelle Abzweigung Weiher

Laden mit Herz

54

Dorfladen in Niedersonthofen

Man weiß selten, was Glück ist, aber meistens, was Glück war. Diese Lebensweisheit mussten die gut 900 Bewohner von Niedersonthofen vor einiger Zeit am eigenen Leib erfahren. Nach über 100 Jahren zog die Familie Sandholz in ihrem Dorfladen aus Altersgründen den Stecker. Nicht nur die Nahversorgung fiel damit aus, auch der beliebte Treffpunkt von Jung und Alt stand nun auf der Kippe. Wo aber Gefahr ist, wächst das Rettende auch – was Hölderlin einst dichtete, bewahrheitete sich hier. Drei Einheimische im gereiften Alter, die schon seit Kindertagen miteinander befreundet sind, gewannen fast alle Haushalte für ihren durchaus kühnen Plan. Und seit März 2012 hat der neue alte Laden wieder auf – und das dörfliche Glück ist wieder da. Sobald man ihn über die dreistufige Treppe betritt, hebt das Herz zu hüpfen an. Die Freundlichkeit, welche die sechs Mitarbeiterinnen um Marktleiterin Barbara Jörg ausstrahlen, lässt eine nahezu familiäre Atmosphäre entstehen, die den Raum spürbar in einen Glücksort verwandelt. Auf gerade einmal 75 Quadratmetern findet sich hier alles, was die wesentlichen Bedürfnisse des täglichen Lebens deckt – möglichst aus der Region. Fleisch, Wurst, Eier, Obst, Gemüse und Milchprodukte gehören ebenso wie Drogerie- und Kurzwaren zum Sortiment. Aus dem Dorf stammen der köstliche Honig und aromatischer Käse. Auch das nur freitags und exklusiv erhältliche Dorfladenbrot kommt aus der örtlichen Bäckerei May. Über befreundete Kanäle landen regelmäßig Delikatessen von der italienischen Amalfiküste im Regal: spritzige Zitronen, saftige Oliven, Öle, Schinken, Salami und Büffelmozzarella. Einwohner und Gäste danken es den Betreibern – der neue alte Dorfladen brummt und trägt sich seit dem ersten Jahr. Außerdem ist hier noch Besonderes geboten: „Lies&Genieß", ein sommerlicher Bücherbasar. Dazu werden kühle Getränke im Garten unter Sonnenschirm und im Liegestuhl gereicht. So treibt der Dorfladen immer wieder neue Blüten, die das Dorfleben auf wunderbar-kreative Weise beflügeln.

TIPP

In der Parallelstraße hat der Dorfladen noch einen Getränkeshop mit gelegentlichen Weinverkostungen.

● Dorfladen, Mühlenbergstraße 3, 87448 Niedersonthofen, Oberallgäu
www.dorfladen-niedersonthofen.de
● ÖPNV: Haltestelle Kirchplatz

Wald der tausend Quellen

55

Katzbrui-Mühle in Apfeltrach

In seltenen Fällen trifft man auf einen Ort, an dem sich gleich mehrere Glücksmomente wie die Perlen einer Kette aneinanderreihen, sodass man seine Eindrücke kaum in Worte fassen kann. Katzbrui und die dortige Mühle in der Gemeinde Apfeltrach ist solch ein ausnehmend seltenes Exemplar. Bei seiner ersten Erwähnung im 15. Jahrhundert hörte das Plätzchen noch auf einen nahezu unaussprechbaren Namen: Katzbrw. Doch jene Tage sind längst vergangen – und Katzbrw mutierte zu Katzbrui. Heute steht hier, rund 10 Kilometer südlich von Mindelheim, ein Gasthaus in idyllisch-bezaubernder Lage am Fuße eines schmalen, saftig grünen Waldstreifens. Das alte, teils denkmalgeschützte Ensemble besteht aus Mühle – ein zweigeschossiger Ständerbau mit flachem Legschindeldach, das einzige erhaltene Gebäude dieser Art im ganzen bayerischen Alpenvorland –, Kellerhaus und Tenne. Max Endraß hat es vor vielen Jahren gekauft und wieder auf Vordermann gebracht: mit Wirtshaus, Hotel und Mühlenmuseum – den wunderbaren Biergarten davor nicht zu vergessen. Das alles ist nicht nur sehenswert, es ist auch urgemütlich. Zum selben Anwesen gehört noch eine kleine Kapelle, in die man unbedingt hineinschauen sollte. Der Eigentümer hat sie nachträglich errichtet, genutzt wird sie für Meditationen und Hochzeiten. Auch hat sie einen bestechenden Klang, sodass ein Männerchor aus der Umgebung den Raum regelmäßig mit seinem mehrstimmigen Gesang beglückt. Doch damit nicht genug: Nur wenige Meter weiter, im nahen Wald, verwandelt sich das ohnehin schon betörend schöne Fleckchen Erde, kaum dass man es betritt, in eine verwunschene Märchenwelt. Überall gluckert, plätschert, rieselt und tropft es, quellen Rinnsale aus dem Boden, unter Wurzeln und Moos, aus felsigen Spalten hervor – hunderte Quellen müssen das sein, die sich am Ende im fließenden Stelldichein zum Katzbruier Bach verbinden. Oft bekommt man zu hören, dass dieses wasserreiche Stück Erde ein Kraftort sei. Wer sich hier aufhält, der spürt das sofort.

TIPP

Von der Katzbrui-Mühle aus führt ein kurzer Rundweg zur eindrücklichen Mariengrotte.

Katzbrui-Mühle, Katzbrui 7, 87742 Apfeltrach, Unterallgäu
www.katzbrui-muehle.de

Gemüse unterm Himmelszelt

56

Kemptener Wochenmarkt

Manchmal braucht es nur ganz wenig zum Glücklichsein. Dafür reichen schon mal kiloweise heimisches Gemüse und Obst. Und wenn sich dann noch naturgereifter Käse und frische Backwaren nebst Wurst, Fleisch und Fisch, aber auch exotische Früchte dazugesellen, dann ist wieder Wochenmarkt. Einen besonders einladenden und heimeligen Standesvertreter davon gibt es im Herzen von Kempten, eine der ältesten Städte Deutschlands. Immer wieder mittwochs und samstags bringen rund sechzig Erzeuger und Händler ihre mit bunten Planen überspannten Verkaufsstände neben der Basilika St. Lorenz auf dem Hildegardplatz verkaufsfreundlich in Stellung. Ein ideales Plätzchen mit viel Charme und angenehmer Atmosphäre vor stilvoller Kulisse. In direkter Nachbarschaft steht mit reich verzierter Fassade und prächtigem Hauptportal das imposante Zumsteinhaus (erbaut 1802), gleich daneben das aus dem Jahr 1732 stammende Landhaus mit sanft geschwungenem Giebel. So herrlich! Da wünschte man sich nichts lieber, als ein Kemptener zu sein, um dieses Schauspiel samt Kulisse zweimal pro Woche genießen zu dürfen – zumindest während der inzwischen verlängerten Sommersaison (1. April bis 15. November). Lediglich über die nasskalten und schneereichen Wintermonate (16. November bis 31. März) hinweg müssen die Marktbesucher auf ihr merkantiles Treiben unter freiem Himmel verzichten. Für diesen Zeitraum wird der Hildegardplatz gegen die Kemptener Markthalle am nahegelegenen Königsplatz getauscht. Die Ersatzbühne muss sich zwar nicht verstecken, reicht aber längst nicht ans bunte Markttreiben in der warmen Jahreszeit heran. Schließlich geht man nicht nur dorthin, um Lebensmittel zu shoppen. Wie zu allen Zeiten ist der Markt auch heute noch ein überaus beliebter Ort zum Ratschen und Schlendern. Selbst wenn sich nach so vielen Eindrücken ein kleiner Appetit spürbar rührt, ist man hier goldrichtig. Überall locken Buden und Stände mit feinsten Allgäuer Leckereien. Nur immer der Nase nach!

TIPP
Kempten gehört zu den ältesten Städten Deutschlands, ein Stadtrundgang ist sehr empfehlenswert.

● Kemptener Wochenmarkt, Hildegardplatz (Sommersaison) bzw. Markthalle, Am Königsplatz 3 (Wintersaison), 87435 Kempten, Oberallgäu
● ÖPNV: Haltestelle Bodmanstraße/Frühlingstraße

Feine Kräuterküche

57 Beim Kräuterwirt in Stiefenhofen

Werbung verheißt immer das Blaue vom Himmel, doch hält sie kaum, was sie verspricht. Eine seltene Ausnahme von dieser Regel ist das kleine und feine Kräuterdorf Stiefenhofen mit Blick auf den Bergrücken Grünten, wegen seiner Lage auch Wächter des Allgäus genannt. Inmitten saftiger Bergweiden, blühender Wiesen und sanfter Hügel gelegen, nur wenige Kilometer vom Bodensee mit seinen Ostuferstädten Lindau und Bregenz entfernt. Hier hat sich eine ganze – immerhin rund 1900 Einwohner mit gut 100 landwirtschaftlichen Betrieben zählende – Gemeinde der zur Blütezeit wunderbar duftenden und farbenfrohen Welt der Küchen-, Heil- und Wildkräuter verschrieben. Im Ort und drumherum herrscht buchstäblich das reinste Kräuterglück. Dieses reicht vom Verweilen auf einem Kräuterlandhof über geführte Kräuterwanderungen bis hin zur delikaten Kräuterküche des Kräuterwirts Axel Kulmus, auf dessen Kochkunst schon Guide Michelin, Feinschmecker und Varta Guide verweisen. Sein Refugium ist gegenüber der Pfarrkirche St. Martin mit denkmalgeschütztem Chor und Turm (um 1498) der malerisch schöne Landgasthof Rössle, in dem man noch heute den Atem der Geschichte spürt. Tatsächlich verlief durch das historische Grenzer Stüble – nur eine von fünf Gaststuben im Haus – zwischen 1523 und 1804 die Bayerisch-Österreichische Grenze. Geradezu himmlisch ist aber der hauseigene Kräutergarten, den man durch einen steinernen Torbogen betritt. Von Lavendel über Ringelblumen bis hin zu Liebstöckel geben sich darin 80 frische Kräuter im Jahreslauf ein fröhlich-leuchtendes Stelldichein. Da wächst und gedeiht augenscheinlich und wohlriechend, was die allgäuerisch-schwäbischen Speisen aus der Küche des Hausherrn so kräuterlich-wohlschmeckend verfeinert und auch verziert. Der idyllische Biergarten schließt sich an, in dem man die köstlichen Gerichte im Sommer in vollen Zügen genießen kann. Ein bekanntes Sprichwort bewahrheitet sich hier: „Schenk deiner Seele Zeit zum Baumeln, sie dankt es dir mit Freudentaumel."

- Landgasthof Rössle, Hauptstraße 14, 88167 Stiefenhofen, Westallgäu, Tel. (0 83 83) 9 20 90, www.roessle.net
- ÖPNV: Haltestelle Stiefenhofen

Alter Kraftort

58 St.-Nikolaus-Kapelle Emmereis

Unterwegs sein, in Bewegung bleiben, Neues entdecken mit einem Windhauch im Gesicht – hach …! Das ist Balsam für Körper, Geist und Seele. Eine Extraportion davon verspricht der Besuch der St.-Nikolaus-Kapelle, ein wahrer Oldtimer vor dem Herrn. Um 1180 erbaut und mit Wandmalereien reich verziert, gilt sie als älteste erhaltene romanische Kapelle im Allgäu. Im Weiler Emmereis, knapp 5 Kilometer hinter Rettenberg, steht St. Nikolaus stoisch seit den mittelalterlichen Tagen der Kreuzzüge. Wenige Meter abseits der Straße, von drei Höfen schützend gerahmt, schaut sie leicht erhöht mit ihren 2 Meter dicken Mauern aus gräulichem Gestein wehrhaft ins Land. Viel hat sie durch die Zeitläufte hindurch erlebt. Das ahnt, wer die Kapelle mit offenen Augen ansieht. Vor allem baulich trat man ihr häufig zu nahe: Den gotischen Eingang bekam sie vor 1500 verpasst, davor war eine schmale und schwere Kirchentür seitlich angebracht. Das erkennt man bis heute von außen an den Spuren unterhalb des Fensters. Unter die beschindelte Haube des barocken Zwiebelturms mit der Patina im anmutigen Witterungsgrau ging es erst 1724 – das war damals so Mode. Vor allem aber war die Landkirche ursprünglich als Wehrkirche gedacht, bis heute sind unterm Giebel und Dach Schießscharten im Wehrturm zu sehen. In den zogen sich die damaligen Bewohner zurück, wenn Gefahr drohte – von marodierenden Soldaten oder vogelfreien Räuberbanden. Wo heute ein Tonnengewölbe ist, schuf man in den Anfangsjahrzehnten mit einer Flachdecke ein zweites Geschoss. Dorthin brachten sich die Siedler mithilfe eines Steigbaums in Sicherheit. Der schmale Wehreingang befindet sich über dem Chorbogen in schwindelnder Höhe. Das alles lässt den Besucher schon ehrfürchtig staunen. Doch wer sich dann noch in die spätromanischen Fresken vertieft – die erst bei Renovierungsarbeiten in den Siebzigern zum Vorschein kamen und den Leidensweg Jesu zeigen –, kann sich in ferne Zeiten wegträumen und doch ganz eins sein mit der Gegenwart.

TIPP

Mit Wathose und Audioguide im Galetschbach unterwegs. Termine unter Tel. (0 83 27) 6 35 98 50.

- St. Nikolaus, Vorderburger Straße, 87549 Rettenberg-Emmereis, Oberallgäu
- ÖPNV: Haltestelle Emmereis Rettenberg

Natürliches Gaumenglück

59

Widdumer Feinbrände & Mosterei in Waltenhofen

Das Glück macht an Höhe wett, was ihm an Länge fehlt. Dieser Zeile aus einem Gedicht von Robert Frost wird im Örtchen Widdum, das zur Gemeinde Waltenhofen gehört, buchstäblich der Boden entzogen. Denn hier erstreckt sich das Glück von der Blüte der Apfelbäume über die Obsternte und Saftpressung bis zum leckeren Genuss am Schluss. Unweit des Niedersonthofener Sees inmitten von Streuobstwiesen liegt das Refugium von Claudia Stoll und ihrem kleinen Familienbetrieb: die Widdumer Feinbrände & Mosterei. Mit Liebe, Leidenschaft und Erfahrung presst sie und ihr Team aus frischen und festen Äpfeln sowie Quitten das Beste heraus, was sie zu bieten haben und am Ende den Gaumen aromatisch umschmeichelnd verzückt: als Likör, Spirituose, Most oder Saft. Das verdankt sie einer glücklichen Fügung. Eigentlich ist Claudia Stoll, die gebürtige Schwarzwälderin, gelernte Fremdsprachensekretärin. Mit Mann, fünf Kindern und Hof suchte sie nach einem Job, der von daheim auszuüben war und ein wenig mehr Entspannung für den Familienalltag versprach. Als 1999 in Lindau ein Brennrecht frei wurde, griff sie zu. Der Anfang war gemacht, das Brenner- und Mostereigeschäft lief vom Stapel und wächst seither Jahr um Jahr. Immer mehr lassen in der Saison von Ende August bis Ende Oktober ihr Obst in Widdum pressen – 100 Kilo Äpfel ergeben je nach Sorte und Reife rund 60 Liter Saft. Natürlich verarbeitet Claudia Stoll auch eigenes Obst und solches aus der Region für ihr Sortiment. Das verkauft sie in ihrem Hofladen, den man durch eine Holztür betritt. Sogleich lachen einen die herzhaften Säfte, fruchtigen Liköre und leckeren Spezialitäten an. In offenen Gefäßen und bauchigen Flaschen laden sie auf ein Verkostungsschlückchen ein: Süße und herbe Apfelsäfte sowie Mischungen mit Quitten-, Pfirsich- oder Orangensaft stehen da neben Spirituosen wie „Boscöple", „Grüner Junge" oder „Magenquittler", um zwei Regale weiter mit Erdbeer-, Holunderblüten- und Schlehenlikör zu locken. Schluck für Schluck natürliches Gaumenglück.

TIPP

Unweit der Mosterei lädt der Widdumer Weiher mit seinen Seerosen zum kleinen Spaziergang.

● Widdumer Feinbrände, Widdum 7, 87448 Waltenhofen, Oberallgäu, Tel. (0 83 79) 72 87 46, www.widdumer-feinbraende.de
● ÖPNV: Haltestelle Widdum

Der Klang der Berge

60 Alphornhof Wagner in Oberstaufen

Alphornbläser sind Klangkünstler, heißt es. Ihr geübtes Spiel bringt Freude und Temperament, ja sogar Ruhe und Frieden zum Ausdruck. Und auch das: Alphornblasen ist wie Meditation. Auf jeden Fall aber stehen die hierzulande durchschnittlich 3,60 Meter langen Alphörner mit ihrem markanten Schallbecher für den Klang der Berge. Der berührt mit seinen warmen Naturtönen und Melodien jedes Herz – und stimmt glücklich. Im Allgäu ist das Instrument auf den Alpen schon seit über 400 Jahren im Einsatz. Dort diente es der Beruhigung und Bindung der Tiere an die Alpe sowie der Kommunikation unter den Hirten – und als Musikinstrument. Alphörner herzustellen, ist eine wahre Kunst. Immer seltener wird sie von Hand ausgeübt. Ein Meister dieses handwerklichen Fachs ist Josef Wagner, Landwirt aus Oberstaufen-Weißach und ein kerniger Mann in den Achtzigern. Wer bei ihm ein Alphorn in Auftrag gibt – was nicht gerade selten passiert –, bekommt ein bis zwei Monate später ein Unikat. Denn kein Horn gleicht dem anderen, und sie klingen auch nicht gleich. Seit rund 60 Jahren drechselt, hobelt, schmirgelt, schleift, ölt und verziert er in seiner Werkstatt Alphörner bis zum letzten Schliff. Und mit wachsender Leidenschaft – da sitzt jeder Griff. Das verarbeitete Holz stammt übrigens aus dem eigenen Wald und gehört zum gut 200 Jahre alten und von Wiesen umgebenen Alphornhof Wagner. Wie viele dieser wohlgeformten Klangkörper bisher durch seine Hände gegangen sind, weiß er zwar nicht zu sagen, aber dass er jedes seiner Alphörner auch nach Jahren wiedererkennt, steht außer Frage. Damit sein fundiertes Wissen nicht verloren geht, gibt er es an eines seiner Kinder weiter. Wie sehr Josef Wagner seine Hornarbeit liebt, kann jeder sehen, der ihm dabei über die Schulter schaut – seien es interessierte Passanten oder Gäste, die ihren Urlaub auf dem Alphornhof Wagner verbringen. Und mit etwas Glück gibt die musikalische Familie eine wunderbare Kostprobe ihrer Stubenmusik. Dann tanzt die Seele.

TIPP

Der leichte Weißach-Ifen-Rundweg (5 Kilometer) mit herrlichem Ausblick übers Weißachtal.

- Alphornhof Wagner, Im Ried 2, 87534 Oberstaufen, Oberallgäu, Tel. (0 83 86) 14 52, www.alphornhof-wagner.de
- ÖPNV: Haltestelle Weißachmühle

Einmalige Bäderkombi

61 Natur- und Freibad Kleiner Alpsee in Immenstadt

Welch ein Glück, dass es neben dem Großen noch den Kleinen Alpsee gibt. Beide liegen zwar unter den wohlwollenden Gipfelaugen des 1489 Meter hohen Immenstädter Horns und sind durch die Konstanzer Ach verbunden, doch damit hören die Gemeinsamkeiten auch schon auf. So könnte man den Kleinen mit seinen 440 Metern Breite und 200 Metern Länge gleich 27 Mal im großen Bruder versenken. Was bedauerlich wäre, denn der Kleine sticht aus der Oberallgäuer Freibäderlandschaft hervor. Nur er stellt die Badenixen und Froschmänner vor die angenehme Wahl: Will man das heitere „Wie-ein-Fisch-im-Wasser"-Feeling im erfrischend-kühlen Alpseewasser genießen oder doch eher im Schwimmbad mit seinen durchgehend auf 23 Grad Celsius temperierten Becken? Zudem sind dort zwei direkte Zugänge vom Frei- ins Naturbad vorhanden – der eine führt über einen hölzernen Steg bis in den Kleinen Alpsee hinein, der andere über einen Sprungturm, von dem man sich aus ein, 3 oder 5 Metern kopfüber oder Beine voraus ins kühle Nass stürzt. Und auf veritable Wasserfreunde wartet mitten im See ein quadratisch geformtes hellblaues Floß und lädt zur kleinen Verschnaufpause oder zum Sonnetanken auf sanft schaukelnden Planken ein. Im Freibad stehen dagegen drei Bereiche fürs Badevergnügen bereit – ein 50-Meter-Sportbecken für Fortgeschrittene, ein Nichtschwimmerbecken mit Wasserrutsche sowie ein Planschbecken für die kleinsten Nachwuchsschwimmer. Großzügige Liegewiesen, die auch schattige Plätzchen bieten, haben es sich auf einem Streifen zwischen Natur- und Freibad bequem gemacht – selbst an die Ausleihe von Liegestühlen und Sonnenschirmen ist gedacht. Und wer nach all dem Wassersport immer noch Reserven in sich verspürt, kann diese auf dem zur Anlage gehörenden Bolz-, Volleyball- oder auch Abenteuerspielplatz vollends erschöpfen. Kraft tanken kann man danach am Kiosk, der von Ende Mai bis Anfang September bei schönem Wetter mit allerlei Leckereien lockt. Kleine Alpsee-Zeit ist Glückszeit.

● Freibad Kleiner Alpsee, Am Kleinen Alpsee 1, 87509 Immenstadt im Allgäu, Oberallgäu, Tel. (0 83 23) 87 20, www.stadtwerke-immenstadt.de/baeder/freibad
● ÖPNV: Haltestelle Kleiner Alpsee

Seltenes Kunsthandwerk

62 Sattlerei Herbert Vogler in Bolsterlang

Wenn Wanderer von Mai bis September die Allgäuer Berge und ihre Weiden durchstreifen, dringt häufig das helle Geläut von Kuhschellen an ihr Ohr. Für viele der klöppelnde oder auch schwengelnde Beweis, dass sie ihren Traumurlaub verleben, selbst dann, wenn von dem Braunvieh im Unterholz gerade einmal nichts zu sehen ist. Als Höhepunkt in der Saison gilt der Alpabtrieb, hier Viehscheid genannt, bei dem die Tiere von der Sommerfrische in den Bergen wohlgenährt ins Tal hinuntergetrieben werden – mit teils riesigen Glocken an reich verzierten Riemenschnallen festlich herausgeputzt. Traditionell ein großes Spektakel, das seinesgleichen sucht. Mittelbar trägt Herbert Vogler zum würdigen Gelingen dieses gelebten Brauchtums bei. In Bolsterlang, zu Füßen des Bolsterlanger Horns, übt der gelernte Raumausstatter nebenberuflich das selten gewordene Sattlerhandwerk aus. Ein mächtiger Kuhkopf mit einer Glocke am Riemen, der die Hauswand in der Stuibenstraße 2 ziert, weist den Weg in die kleine Werkstatt des Meisters seines Fachs, die man über eine schmale Außentreppe erreicht. Sogleich fällt die Werkbank ins Auge, dazu die griffbereiten Werkzeuge sowie eine Nähmaschine, der man ansieht, dass sie schon viel geleistet hat. Und überall an den Wänden Regale, in denen Keil- und Flachschellen sowie original Allgäuer Glocken in allen Größen stehen – und Zierriemen aus robustem, also langlebigem Rindsleder. Letztere versieht er ganz nach Kundenwunsch mit farbigen Wollfransen, Dachshaar, Ziernägeln und Stickereien – sorgfältig bis ins kleinste Detail und in bester Handwerkskunst. Selbst filigranste Muster brennt er mit sicherem Strich ins Leder ein. Fast nichts scheint Herbert Vogler zu schwer. Kein Wunder, hat er doch Freihandzeichnen als Azubi gelernt. Wer dem Meister mal über die Schulter schauen will, muss nur einen Termin vereinbaren. Dabei erfährt der Gast viel über Schellen, Riemen, Kuhgürtel und natürlich übers Sattlereihandwerk. Ein ebenso seltenes wie beträchtliches Glück!

TIPP

Nur zwei Straßen weiter gibt's im Dorfladen Bolsterlang u. a. guten Kaffee vom örtlichen Röster.

● Schellen, Glocken, Sattlerei Herbert Vogler, Stuibenstraße 2, 87538 Bolsterlang, Oberallgäu
● ÖPNV: Haltestelle Bolsterlang

Standbild mit Aussicht

63

Christkönigsberg bei Oberwies

Wer weit ins Allgäuer Land schauen will, darf nicht im Tal verweilen, vielmehr muss er hoch hinaus. Nicht unbedingt auf den Großen Krottenkopf in Tirol, der mit seinen 2656 Metern die Liste der höchsten Berge der Allgäuer Alpen anführt. Nein, ein Besuch des vergleichsweise kleinen Christkönigsbergs (686 Meter) reicht allemal dafür aus. Der Aussichtspunkt liegt gut 5 Kilometer nördlich von Wangen, dem quietschfidelen Gravitationszentrum des württembergischen Allgäus. Nur 1 Kilometer außerhalb von Karsee – mit rund 700 Einwohnern die kleinste der sechs Ortschaften Wangens – thront das Ziel. Vom Dorfkern aus geht man zunächst am gleichnamigen Natur- und Badesee vorbei aufwärts, um sich weiter oben nach links Richtung Oberwies zu orientieren. Vorbei an einigen Häusern und entlang blühender Löwenzahnwiesen (von April bis Mai) ist man schon nach wenigen Gehminuten da. Von hier aus ist es nur noch ein kleines Stück zum Ort des Glücks – mitten durch eine mit altem Baumbestand dicht bewachsene Allee führt ein recht schmaler, steiler und knapp 100 Schritte messender Kiesweg dorthin. Auf halber Strecke springt einem die 6 Meter hohe Säule ins Auge, auf der das namensgebende Standbild des Christkönigs weithin sichtbar ruht. Ganze 10 Tonnen bringt das Denkmal mit seinem Fundament auf die Waage und bildet das blumenumrankte Herz der kreisrunden Anlage. Das Grundstück dafür hat Alois Moosmann, ein Bauer aus Oberwies, seinerzeit freigiebig spendiert. Oben lädt eine Bank den Besucher zum Verweilen ein, um in aller Ruhe einen ungestörten und entspannten Genießerblick über das phänomenale Bergpanorama schweifen zu lassen – von den Allgäuer Alpen über den Bregenzer Wald, Rätikon und Lichtenstein bis zu den Sarganser Alpen. Das ist herrlich anzusehen. Und insgeheim gibt man Goethe recht: „Willst du immer weiter schweifen? Sieh, das Gute liegt so nah. Lerne nur das Glück ergreifen. Denn das Glück ist immer da." Hier ist es rundherum!

TIPP

Rund um den idyllischen Karsee ist ein feiner Skulpturenwanderweg mit 18 Skulpturen angelegt.

- Christkönigsberg bei Oberwies nahe Karsee, 88239 Wangen, Westallgäu
- ÖPNV: Haltestelle Karsee Rathaus

Braunes Gold

64 Confiserie Heilemann in Memmingen

Nähert man sich vom imposanten Turm des Westertors (von 1648) an der Martinskirche vorbei dem Marktplatz, durchquert man schnurstracks die inmitten des altstädtischen Herzens von Memmingen gelegene Zangmeisterstraße. Dort erliegt man dem baumeisterlichen Charme der fast vollständig erhaltenen viergeschossigen Kaufmannshäuser aus dem 16. und 17. Jahrhundert. Und dem verlockenden Duft von Schokolade. Den verströmt die anziehend wirkende Confiserie Heilemann. Immer der Nase nach wird der Besucher zur Hausnummer 5 gezogen, wo unter behütenden Laubengängen der Eingang ins zartschmelzende Schlaraffenland liegt. Schon mit dem ersten Blick aufs braune Glück ist der Mund wässrig. Und es gibt kein Halten mehr. Im Laden tobt ein buntes Fest der Sinne aus Schokolade und Nougat – feinste Pralinen, Trüffel und Dragees, Figuren, Kugeln, Sticks und Tafeln. Mit und ohne Alkohol, gefüllt oder nicht, von herb bis lieblich – für jeden Geschmack ist etwas dabei, sogar ein goldener „Mau" (Memminger Mundart für Mond). Seit Mitte der Fünfzigerjahre steht der Name des (1982 verstorbenen) Konditormeisters Karl Heilemann nun schon für die Schokoladenseite der Stadt. Obwohl der Eigentümer seither wiederholt wechselte und der Firmensitz längst im Vorort Woringen liegt, werden die feinen Schleckereien bis heute nach überlieferten Rezepten hergestellt. Dabei kommen ausschließlich natürliche Zutaten hinein, möglichst aus der Region, allen voran Allgäuer Milch, Sahne und Butter – Konservierungsstoffe sind tabu. Modernste Herstellung und traditionelle Handwerkskunst, für Heilemann ist das kein Widerspruch. Und das sieht („bärig!"), riecht („do legst di nieda!") und schmeckt („guad!") man – Stück für Stück. Memmingen hat übrigens mehrere Wahrzeichen, darunter auch der weithin sichtbare Martinsturm, mit etwa 65 Metern das höchste Gebäude der Stadt, und die blaue Saul (= Säule). Beide liegen in direkter Nachbarschaft der Confiserie Heilemann, also in bester Gesellschaft! So ein Glück aber auch!

TIPP

Die Stadtpfarrkirche St. Martin ist eine der ältesten Kirchen Oberschwabens und einen Besuch wert.

● Confiserie Heilemann, Zangmeisterstraße 5, 87700 Memmingen, Unterallgäu, Tel. (0 83 31) 52 01, www.heilemann.de
● ÖPNV: Haltestelle Weinmarkt

Vanille-Mohn-Trüffel
Mocca-Nougat-Trüffel
Pflaumen-Marzipan

400-Gipfel-Blick

65 Höfatsweg zum Zeigersattel

Wandern kann man im Allgäu nach Herzenslust und -laune. Jedenfalls so weit einen die eigenen Füße mit festem Schuhwerk tragen. Allein die sogenannte Wandertrilogie entführt den ambitionierten Wanderer auf drei Routen und Höhenlagen – Wiesengänger, Wasserläufer und Gipfelstürmer – mit sage und schreibe 54 Etappen. Während dieses deutschlandweit einmaligen Weitwanderwegenetzes lernt man auf 876 Kilometern das ganze Allgäu in seiner bunten Vielfalt – und im Schweiße seines Angesichts – kennen. Jede einzelne Tour hält garantiert Überraschendes, Originelles und auch Überwältigendes parat. Doch ein ganz kleiner, feiner und selbst für untrainierte Geher leicht zu bewältigender Weg ragt doch wie ein Monolith hervor: der Höfatsweg zum Zeigersattel, dessen Start- und Zielpunkt man mit der zweiten Station der Nebelhornbahn bequem erreicht. Der Zeigersattel bietet einen so pittoresken 360-Grad-Aus- und Weitblick, wie ihn sich malende Romantiker wie Caspar David Friedrich nicht ansehnlicher und anziehender hätten träumen lassen: Mehr als 400 Berggipfel recken und strecken sich dort im friedlichen Nebeneinander in den blau-weißen Himmel, dass es einem schlicht den Atem raubt. Wer einst den Begriff „Panoramablick" prägte, muss dieses fesselnde Schauspiel vor Augen gehabt haben. Das hier ist hundertprozentiges Gipfel-Glück: Die Augen schweifen entlang der unweit gelegenen und für ihren Blumenreichtum bekannten Höfats auf der anderen Talseite des Oytals und etwas weiter im Südwesten über den felsigen Hauptkamm mit Trettach und Mädelegabel – um nur einige der prachtvollen Berggipfel zu nennen. Etwas unterhalb ruht inmitten saftig-grüner Weideflächen der lieblich anmutende Seealpsee wie ein grünblau schimmerndes Gedicht. Und wer sich am Zeigersattel auf ein längeres Verweilen einlässt – auf einer der hölzernen Bänke oder einfach im Gras –, schweigt und in der Landschaft schwelgt, kann mit viel Geduld und wiederum Glück auch Murmeltiere und Gämsen erleben.

TIPP
Im Sommer mit Kondition: Abstieg zum Seealpsee mit bewirtschafteter Alphütte Hintere Seealpe.

● Nebelhornbahn, Nebelhornstraße 67 c, 87561 Oberstdorf, Oberallgäu, Start Höfatsweg: 2. Station Höfatsblick der Nebelhornbahn
● ÖPNV: Haltestelle Nebelhornbahn Terttachstübele

Freiheit für die Füße

66 Schuhhaus Scharpf in Bad Wörishofen

Was Füße mit Glück zu tun haben, weiß Jochen Scharpf am besten. Ganze 84 Gründe, genauer: Einzelteile führt der Orthopädie-Schuhmachermeister dafür an. Kork und Leder etwa, vor allem aber das geradezu himmlische Fußbett. Zusammen mit seiner Frau Waltraud betreibt er ein Schuhhaus in der Kneippstraße, deren Name eine Verbindung zu dem schafft, was er in dritter Generation in liebevoller Handarbeit macht: Kneippsandalen. Schon vor 150 Jahren hat der für seine ganzheitliche Naturheilkunde berühmte Pfarrer die nach ihm benannte Sandale mit örtlichen Schustern erfunden. „Freiheit für die Füße" sollten sie bringen und „die Zehen tanzen" lassen. Und das taten sie: Wenige Riemen sorgen für Halt und frei liegende Zehen. Das bereits erwähnte Fußbett kam erst viel später hinzu. Heute gibt es nur noch zwei Schuhmacher, welche die Handwerkskunst der originalen Kneippsandale beherrschen. Jochen Scharpf ist einer davon. Seine Werkstatt über dem Laden ist randvoll mit allem, was er dafür braucht: Ober- und Futterleder, Sohlen, Schließen, Klammern, Doppelgarn und haufenweise Leisten. Auf meterlangen Regalen stehen die gängigsten Größen. An anderer Stelle finden sich auch Unikate, die Kundennamen tragen und auf ihren erneuten Einsatz warten. Das kann allerdings dauern: Wer achtsam mit den Sandalen umgeht, hat bis zu 10 Jahre Freude daran. Klar, die Sohle muss man mal ersetzen, aber das Grundgerüst ist unkaputtbar. Solche Wertarbeit hat ihren Preis: Bei 180 Euro geht's los, Einzelanfertigungen kosten 400 Euro, ein Viertel davon entfällt allein auf den Leisten. Wahre Kneippsandalen-Freunde stört das herzlich wenig. Sie finden sich unter Einheimischen wie Kurgästen und in fernen Ländern – sogar in Indien, Südamerika und den USA. Du bist, wie du gehst, hat eine Gangforscherin festgestellt. Jochen Scharpf weiß: Glücklich ist, wer in Kneippsandalen geht. Wer einmal welche getragen hat, bleibt ihnen treu. Keine Frage, dass auch er bekennender Sandalero ist. Nur barfuß ist ihm noch lieber.

TIPP

Im Dominikanerinnenkloster gegenüber der Pfarrkirche St. Justina lohnt der Besuch des Kneipp-Museums.

● Schuhhaus Scharpf, Kneippstraße 15, 86825 Bad Wörishofen, Unterallgäu
www.scharpf-schuhe.de
● ÖPNV: Haltestelle Hauptstraße/Adler oder Hauptstraße/Kurhaus

Fünf auf einen Streich

67 Dorfhaus in Thalkirchdorf

Geradezu unscheinbar ruht das aus sieben Weilern bestehende Thalkirchdorf in der hügeligen Landschaft direkt neben der Konstanzer Ach. Dank des hinreichenden Abstands zur nördlich verlaufenden Bundesstraße 308, die Immenstadt über Oberstaufen mit Lindau verknüpft, herrscht mitten im Dorfkern eine wohlmeinende und kraftspendende Stille. Lediglich der Dorfbrunnen mit seinen sieben Ausläufen – für jeden Ortsteil einen – plätschert im wunderschönen Biergarten unter schattenspendenden Kastanien leise vor sich hin. Beides gehört zum Thalkirchdorfer Dorfhaus – für Einheimische wie Gäste ein Füllhorn des Glücks. Mittlerweile vereint es Restaurant, Hotel – mit sechs Ferienwohnungen und vier Zimmern –, Sennerei, Käseschule und Dorfladen in sich. Mit Letzterem fing vor einigen Jahren alles an. Wie anderswo auch macht der letzte Lebensmittelladen im Ort dicht. Das 900-Seelen-Dorf hat keinen Nahversorger mehr, und damit ist auch der soziale Dreh- und Angelpunkt Geschichte. Was tun? Die rettende Idee steuert Felix Schädler, Einheimischer und Architekt, bei: ein neuer Dorfladen. Aus dieser Initialzündung ist nach und nach – mit viel Herzblut und Engagement – das ebenso stattliche wie charmante Anwesen gewachsen, das sich unter der sympathischen Leitung von Imelda Erd harmonisch um Wirtshaus und Dorfladen gruppiert. Wer es betritt, empfindet gleich eine heimelige Geborgenheit. Etwa in der Sennstube – so urig, gemütlich, behaglich und warm. Helle Holzdielen am Boden, holzvertäfelte Wände und Zimmerdecke, dazu der grüne Kachelofen, der in der kalten Jahreszeit den Raum angenehm temperiert. All das lässt vorm inneren Auge Szenen längst vergangener Zeiten entstehen: Die Bauersleute sitzen erschöpft am Tisch. Schweigend löffeln sie aus einer Schüssel ihr karges Mahl. Ganz anders heute: Die Küche des Dorfhauses lässt keine Wünsche offen – regional, gut bürgerlich, natürlich mit Käse aus der eigenen Käserei. Der ideale Ort für ein geselliges und glückliches Miteinander.

TIPP

Im Sommer das Freibad Thalkirchdorf, im Winter warten in der Nähe 28 Skilifte und 40 Kilometer Pisten.

- Thalkirchdorfer Dorfhaus, Kirchdorfer Straße 7, 87534 Oberstaufen, Oberallgäu, Tel. (0 83 25) 95 80, www.dorfhaus.de
- ÖPNV: Haltestelle Thalkirchdorf Hense

Unten ohne

68 Barfußweg im Kurpark Bad Wörishofen

In Bad Wörishofen gibt es einen Glücksort, der sich über exakt 1550 Meter erstreckt und einem ein buchstäblich nacktes Vergnügen bereitet: der Barfußweg. Er schlängelt sich durch den im englischen Stil angelegten Kurpark über viele verschiedene Untergründe hinweg. Entlang betörend riechender Duft-, Aroma- und Heilkräutergärten, vorbei an Streuobstwiese, Rosengarten und Jakobsweiher mit weißem Sandstrand, durch ein plätscherndes Bächlein, eine Zapfengrube und den glibberig-kühlen Schlammgraben. Über 20 Erlebnisstationen erwarten den Unten-ohne-Geher auf seinem abwechslungs- und empfindungsreichen Weg. Dabei tragen die Stationen so verheißungsvolle Namen wie Katzenkopf, Der-Nase-nach, Gegen-den-Strom, Weitblick oder auch 7-Schwaben-Fuß. Hell leuchtende Fußabdrücke im Boden markieren die Strecke und verhindern ein Verlaufen. Doch nicht nur ein Riesenspaß für Groß und Klein sind hier Programm, der gut einstündige Parcours garantiert zudem die pure Erholung für strapazierte Füße – immerhin sind sie es, die den Körper ein Leben lang über Tausende von Kilometern tragen und damit zu den am stärksten beanspruchten Körperteilen zählen. Das war schon Pfarrer Kneipp bewusst, der das Barfußgehen – nicht nur im Wasser – allen Menschen wärmstens empfahl. Die Gründe dafür liegen in gewisser Weise unterm Fuß, richtiger: auf der Hand. Es fördert nachweislich die Durchblutung und kräftigt die Fußmuskulatur, die sich beim üblichen Gehen auf ebenen und harten Straßen und Böden zurückbildet. Zudem werden dabei Bindegewebe und Bänder gestärkt, und ganz nebenbei wird das natürliche Abrollen der Füße eingeübt. Start und Ziel des Rundwegs ist die „Kneippanlage für Alle" im Kurpark – hier gibt es auch Schließfächer für die Schuhe und – am Ende – kann man sich sogar die Füße waschen. Wem diese spürbare Erfahrung nicht reichen sollte, kann das erquickliche Vergnügen um weitere 2,1 Kilometer verlängern – aus dem Kurpark heraus bis zur Kneippanlage am Tannenbaum. In diesem Sinne: Füße gut, alles gut!

TIPP

Die Gradieranlage im Kurpark ist ein Sole-Freiluftinhalatorium und wohltuend für die Lunge.

- Kurpark, über Alfred-Baumgarten- oder Mindelheimer Straße, 86825 Bad Wörishofen, Unterallgäu
- ÖPNV: Haltestelle Kurpark

Süßes Handwerk von Herzen

69 HerzWerk Patisserie in Altstädten

Inmitten des Luftkurorts Altstädten, dem größten Ortsteil Sonthofens, befindet sich seit Mai 2023 eine kleine, aber feine Oase der Gaumenfreuden, in der Gast und Gästin buchstäblich dahinschmelzen: die HerzWerk Patisserie von Laura Hörmann. Sobald man das charmante Café der Allgäuer Konditormeisterin betritt, steht man auch schon vor einer gläsernen Vitrine, in der sich lauter Feingebäcke aneinanderreihen wie Perlen auf einer Schnur. Beim Anblick der kulinarischen Pretiosen – seien es Törtchen, Macarons, Pralinen, Kuchen, oder schokoladige Spezialitäten – stellen sich unweigerlich vergessen geglaubte Glücksgefühle ein, die Süßigkeiten in der Kindheit auslösten. Und so zaubert der angenehm überschaubare Angebotsreigen mit einem Hauch französischer Patisserie den Kunden ein verzücktes Lächeln ins Gesicht.

Dann kommt es zur Entscheidung, die Qual der Wahl ist erheblich, doch Laura Hörmann ist sofort helfend zur Stelle. Dabei spricht die Meisterin des süßen Handwerks aus weltläufiger Erfahrung, die sie am Bodensee, in München, in Südamerika und Afrika sowie als Leiterin der Patisserie auf verschiedenen Kreuzfahrt- und Expeditionsschiffen sammeln durfte. Auch spürt man bei jedem Wort, dass sie bis ins kleinste Herkunftsdetail der Zutaten weiß, wovon sie spricht. Dass viel Bioware und qualitativ hochwertige Produkte aus der Region zum Einsatz kommen und Nachhaltigkeit in Herstellung und Verkauf höchste Priorität genießen, ist ihr unumstößliches Credo. Übrigens umfasst das HerzWerk-Angebot zu gleichen Teilen auch vegane, gluten- und laktosefreie Köstlichkeiten. Egal, wofür man sich am Ende entscheidet, geschmacklich überzeugt alles. Und das genießt man vor Ort an einem der wenigen marmorierten, vergoldeten Bistrotische, im umzäunten Außenbereich oder daheim in den eigenen vier Wänden. Selbstverständlich kann man seine privaten Feste auch mit Feinkost der HerzWerk Patisserie bereichern. Konditormeisterin Laura ist immer ansprechbar und garantiert Handwerkskunst aus vollem Herzen.

TIPP

1,5 Kilometer südöstlich von Altstädten gibt's eine tolle Attraktion: den Hinanger Wasserfall.

- HerzWerk Patisserie, Am Anger 1, 87527 Sonthofen-Altstädten, Oberallgäu, Tel. (0 83 21) 7 87 88 36, www.herzwerk-patisserie.de
- ÖPNV: Haltestelle Altstädten

Großes Naturkino

70

Berggasthof Einödsbach im Stillachtal

Hier bestimmt nur noch der Naturschutz den Takt. Kein Zivilisationslärm dringt mehr durch – es herrscht Stille. Kein Lichtsmog irritiert – die Nacht ist so dunkel, wie es Mond und Sternen beliebt. Kein Straßenverkehr schiebt sich durch die Gegend: Der aus Oberstdorf kommende Linienbus tritt 2 Kilometer davor, im Weiler Birgsau mit der Alpe Eschbach die Rückreise an. Und für Autos endet die Fahrt bereits 3 Kilometer früher beim Parkplatz Fellhornbahn/Faistenoy – nur mit einer Ausnahmegenehmigung darf man weiter. Ab hier ist ein Durchkommen lediglich mit einem Taxi, auf dem Rücken eines Pferdes oder mit festem Schuhwerk möglich. Außer: Man hat sich im gleichnamigen Gasthof der südlichsten dauerhaft bewohnten Siedlung Deutschlands ganz am Ende des Stillachtals für eine Auszeit einquartiert: in Einödsbach. Gerade einmal fünf Einwohner zählt der Ort – und die Gäste. Wenige Meter, bevor man das von Katharina Ellmann in der sechsten Generation geführte Haus sieht, öffnet sich der Blick auf eine wunderschöne, mehr noch: grandiose Bergkulisse, die den Betrachter schlichtweg überwältigt. Nicht wenigen fällt angesichts dieses faszinierenden Panoramas die Kinnlade herunter, während ihrem Mund ein tief bewegtes „Oooh!“ und „Wow!“ entweicht. Am liebsten möchte man sich auf der Stelle andächtig hinsetzen und keinen Millimeter mehr fortbewegen. Nur noch schauen, staunen und die Naturschönheit des Allgäuer Hauptkamms bewundern: Trettachspitze, Mädelegabel und Hochfrottspitze recken da ihre wuchtigen Gipfel in den Himmel, während sie im Tal Einödsbach buchstäblich umarmen. Zum Greifen nah, unbegreiflich fern. Wer das einmal gesehen hat, weiß wirklich, was großes Kino ist – hier gibt es eine Dauervorstellung. Einige Plätze in der ersten Reihe kann man sich auf dem Gasthof sichern – vom einfachen Matratzenlager über Stockbett- und Einzel- bis zum Doppelzimmer mit Balkon ist alles zu buchen. Nur Radio, Fernseher und Telefon gibt es nicht. Aber seien wir doch mal ehrlich: Wer braucht hier so was, um glücklich zu sein!

TIPP

Einödsbach ist ein idealer Ausgangspunkt für Wanderungen, z. B. zur Enzianhütte in 2,5 Stunden.

● Berggasthof Einödsbach, Einödsbach 1, 87561 Oberstdorf, Oberallgäu, Tel. (0 83 22) 9 84 54, www.einoedsbach.de

Verwunschene Stille

71 Tal der Sinne in Bad Faulenbach

Es gibt einen selten schönen Glücksort, der sich über ein ganzes Tal erstreckt: Bad Faulenbach mit seinem Tal der Sinne. Dabei fängt das Glück schon einige hundert Meter vorher an. Zu Füßen des Klosters St. Mang gegenüber der Spitalkirche mit ihrer zauberhaften Außenfassade, die Anton Joseph Walch im Jahr 1749 mit bunten Fresken im Rokoko-Stil bemalte. Dort nimmt das schmale Faulenbachgässchen seinen historisch anmutenden Ausgang. Das führt den Flaneur westwärts zunächst durch einen mit Rundbogen versehenen Durchgang und wenige Meter weiter durch ein Tonnengewölbe. Über einen Waldweg gelangt man in 10 gemütlichen Minuten ins weitgehend autofreie Bad Faulenbach. Seinen olfaktorischen Namen bekam der heutige Ortsteil Füssens übrigens bereits im Mittelalter, weil das durchfließende Bächlein wegen seines Schwefelgehalts wohl ein wenig faulig roch. Von jenem Geruch liegt heute zum Glück nicht ein Hauch mehr in der Luft – dafür trägt der Ort inzwischen die Titel Mineral- und Moorheilbad und Kneippkurort. Aber schmecken kann man die Vergangenheit mit etwas Fantasie noch: an der Calcium-Sulfat-Quelle (Trinkbrunnen) an der Alatseestraße, 100 Meter von der Kneippwiese entfernt. Vollends betört die Sinne das anschließende Landschaftsschutzgebiet zwischen Lech und Alatsee. Auf Schritt und Tritt verwöhnt es den Besucher in aller Stille mit einer sanften Dosis Naturgenuss. So führt der Weg an zwei geradezu verwunschen wirkenden Seen – Mitter- und Obersee – mit ihren beschaulichen Naturbädern entlang. In direkter Nachbarschaft sonnen sich artenreiche Blumenwiesen, deren farbenfrohe Blütentupfen im Wind leise hin und her schaukeln. Hier fällt der Blick auf beeindruckende Hangwälder mit dichtem Blätterdach, dort auf berückende Felsformationen. Wem das alles noch nicht genügt, der kann seine Sinne an der Fischhaus- und Kneippwiese mit allerlei zusätzlichen Reizen verwöhnen – Balancier- und Barfußpfad mit Matsch- und Fußwaschstrecke, Kräuterbeet, Klangkörper und vieles mehr.

- Tal der Sinne, Badseeweg 1, 87629 Füssen, Ostallgäu
  www.walderlebniszentrum.eu/auwaldpfad
- ÖPNV: Haltestelle Morisse

Luftiges Schwingen

72 Iller-Hängebrücke bei Altusried

Etwa 3 Kilometer nördlich von Altusried, wo Kommissar Kluftinger wohnt, die tollpatschige Romanfigur von Volker Klüpfel und Michael Kobr, hängt die erste Bürgerbrücke Bayerns. Imposante 84 Meter spannt sie sich mit einer Breite von 1,5 Meter über die Iller, die sich hier durch eine ausgeprägte Moränenlandschaft schlängelt. Gefördert aus Mitteln der Europäischen Union haben sich zwischen April und August 2007 rund 30 Freiwillige aus der Gegend unter der fachlichen Anleitung eines Ingenieurs ehrenamtlich als Brückenbauer betätigt. Mithilfe von 33 Tonnen Stahl und 2570 Schraubverbindungen schlossen sie in 1200 Arbeitsstunden eine klaffende Lücke, die Freizeitsportler 6 Jahre lang hinderte, an dieser Stelle den rechten Donauzufluss zu überqueren. Bis 2001 hatte dafür noch eine Bootsfähre gesorgt, deren Betrieb nach 50 Jahren aus Altersgründen des Fährmanns schweren Herzens eingestellt werden musste. Seither ist der bei Wanderern und Radlern geschätzte Übergang zwischen dem Weiler Fischers am südlichen und der Einöde Pfosen am nördlichen Flussufer nicht nur wieder möglich, sondern auch ein schwingendes Erlebnis. Sobald man die Hängebrücke betritt, gerät diese buchstäblich in Bewegung. Nur ganz leicht, aber spürbar, wenn man darauf allein unterwegs ist. Schon deutlich intensiver, wer sie in Gruppenstärke überquert. Um das Schaukeln am Ende nicht auf die Spitze zu treiben, ist die Anzahl der gleichzeitigen Brückengeher auf maximal 60 Personen begrenzt. Wie auch immer: Jeder Gang – mit festem oder Trippelschritt – löst in der Magengegend ein leicht kribbelndes und durchaus angenehmes Boogie-Woogie der Gefühle aus. Das noch einmal verstärkt wird, sobald man durch die Gitterroste hindurch, die die Lauffläche bilden, auf die unter sich gemächlich fließende Iller schaut. Interessant: Während sich der breite Fluss mucksmäuschenstill verhält, dringt permanent ein Plätschern ans Ohr, das vom schmalen Fischersbach stammt, der neben der Bürgerbrücke in die Iller mündet. Einfach schön!

TIPP

In der Nähe beim Weiler Kalden ist der Illerdurchbruch, ein 60 Meter hoher beeindruckender Canyon.

● Iller-Hängebrücke, Fischers, 87452 Altusried, Oberallgäu

Abseits der Ströme

73

Sachsenrieder Weiher in Dietmannsried

Zwischen Memmingen im Norden und Kempten im Süden liegt die aus 66 Ortsteilen bestehende Gemeinde Dietmannsried. Durch fortlaufende Eingliederungen wurde sie über die Jahre relativ groß. Gleichwohl ist da vergleichsweise wenig los. Die Bevölkerungsdichte ist gering, gerade einmal 8000 Einwohner bewohnen den Markt. Doch was für manche auf den ersten Blick vielleicht schauerlich klingt, entpuppt sich nach ruhiger Analyse der Lage als besondere Stärke, die alle Bedingungen für einen Glücksort mit Geheimtippqualitäten schafft. Denn abseits großer Touristenströme, die natürlich um die einschlägigen Allgäuer Hotspots kreisen, verbringt man in und um Dietmannsried seine Tage in einem malerischen Landstrich voll ländlicher Beschaulichkeit. Und inmitten dieses entschleunigenden Idylls ruht dann auch noch ein unglaublich erfrischendes Juwel: der Sachsenrieder Weiher. Aber zunächst gilt es, das bläulich-grün schimmernde und streckenweise von Schilfgürteln ummäntelte Wässerchen im Ortsteil Reichholzried zu finden. Umgeben von sattgrünen Wiesen und eingebettet in die hügelige Landschaft des Voralpengebiets versteckt er sich in einer sanften Bodensenke vor zu entdeckungsfreudigen Augen. Und so erblickt man das Kleinod, dessen Fläche etwas mehr als acht Fußballfelder bei bis zu 5 Metern Tiefe misst, erst in unmittelbarer Nähe. Wie schön ist dieser kleine Weiher anzuschauen. Mit seiner einwandfreien Wasserqualität – amtlich bescheinigt – und dem sehr flachen Uferbereich ist er ideal zum Baden. Und dass auf ihm kein Wassersport erlaubt ist, macht ihn nur noch attraktiver. Liegewiesenplätze und Umkleidekabinen sind vorhanden, sanitäre Anlagen nicht. Erfreulicherweise ist die Sachsenried mit Wanners verbindende schmale Straße, die das Südostufer des Weihers streift, nur selten befahren. Weshalb es selbst im Hochsommer entspannend und wünschenswert ruhig ist. Um es mit Faust zu sagen: „Zufrieden jauchzet Groß und Klein: Hier bin ich Mensch, hier darf ich's sein!"

TIPP

Gut 2 Kilometer entfernt beim Illerdurchbruch ist eine der größten Hängebrücken Deutschlands.

● Sachsenrieder Weiher, Wanners 6, 87463 Dietmannsried, Oberallgäu
● ÖPNV: Haltestelle Reicholzried Fellenbergstraße

Steile Ruheoase

74 Klosterberggarten in Kaufbeuren

Die alte Reichsstadt Kaufbeuren, die sich wegen ihrer geografischen Lage das Tor ins Allgäu nennt, ist mit über 42.000 Einwohnern für Allgäuer Verhältnisse von ansehnlicher Größe. In ihren altstädtischen Straßen und idyllischen Gässchen herrscht ein buntes und lebhaftes Treiben. Wer sich mittendrin plötzlich nach Ruhe sehnt, findet direkt hinterm Crescentiakloster eine wunderschön gestaltete Oase der Stille, der Besinnung und auch des innigen Glücks: den Klosterberggarten. Sobald man ihn durch ein Gittertor leichten Fußes betritt, wird der Besucher von einem Schatzkästlein aus Bäumen, Sträuchern, Blumen und Kräutern empfangen, das sich lang und breit über einen steilen Hang hinweg erstreckt. Oben reicht es bis fast an die alte Stadtmauer mit dem um 1420 erbauten Fünfknopfturm heran – das Wahrzeichen von Kaufbeuren. Wer den Garten genauer erkunden will, darf nun aufwärtssteigen. Serpentinenartig schlängelt sich der schmale Weg hinauf, gut 150 Stufen sind dabei zu überwinden. Auf dem Weg stehen einige Bänke zum Ausruhen und Innehalten bereit. Ganz oben öffnet sich ein ebenso schöner wie romantischer Blick übers Dächermeer der Stadt mit dem Kloster, der Pfarrkirche St. Martin und der evangelischen Kirche mit Zwiebelturm. Bis 2006 diente der Garten zur Versorgung des Innenstadtklosters zu seinen Füßen. Erst die Baufälligkeit bereitete dieser Nutzung ein Ende. Unzählige Bürger brachten ihn daraufhin ehrenamtlich wieder in Form, vierzig Freiwillige kümmern sich bis heute um die Pflanzen, die zur Blütezeit in den herrlichsten Farben leuchten und teilweise mit angenehmen Düften die Luft erfüllen. Der Garten ist in Anlehnung an den „Sonnengesang“ des Heiligen Franziskus von verschiedenen thematischen Stationen durchzogen. Die laden den Besucher zum Nachdenken und Meditieren ein. Weit oben ragt rechter Hand eine große Franziskus-Statue mit einer Taube auf der Hand aus dem Grün – nur von einem bestimmten Standpunkt auf dem Obstmarkt aus ist sie auch von unten zu sehen.

TIPP

Das gemütliche Café am Fünfknopfturm direkt neben dem Wahrzeichen der Stadt.

● Klosterberggarten, Crescentiaplatz (hinterm Kloster) 13, 87600 Kaufbeuren, Ostallgäu
● ÖPNV: Haltestelle Plärrer

Voller Energie

75 Kräuterwerkstatt Teeturm in Pfronten-Ösch

Der kürzeste Weg zu Gesundheit und Glück ist der zurück in die Natur. Alternativ kann man sich auch in das zu Pfronten gehörende Dörfchen Ösch begeben, um der Kräuterwerkstatt von Roswitha Ganseneder-Lotter – welche sie zusammen mit ihrem Mann Christian betreibt – die ebenso lehrreiche wie aromatische Aufwartung zu machen. Unweit der Barockkapelle St. Koloman in der Badstraße findet man sie. Das vor 10 Jahren entstandene Gebäude, ein Mix aus alpenländischer und moderner Baukunst, auch Teeturm genannt, ist nicht zu übersehen. Sein balkonartiger Vorbau, in den Alpen traditionell zum Trocknen von Kräutern genutzt, signalisiert: Was auch immer du für dein Seelenheil suchst, hier hast du es gefunden. Die Kräuterwerkstatt, ein Ensemble aus lichtem Café, Geschenkeladen und eingebundenem Seminar, heißt den Besucher herzlichst willkommen. Der Laden ist angereichert mit kleinen und großen Dingen, die inspirieren und eine positive Wirkung auf Körper, Geist und Seele versprechen. Mehr noch: Hinterm Haus wächst, gedeiht, blüht und leuchtet ein riesig großer Kräutergarten, zauberhaft gestaltet und voller Magie, den der Besucher von Mitte Mai bis Ende September bei schönem Wetter jeden Donnerstag bis abends um 18 Uhr in vollen Zügen genießen kann. Und das alles spielt sich unterhalb eines schroffen Felsens namens Falkenstein ab, dessen Gipfel die höchstgelegene Burgruine Deutschlands krönt. Fürwahr, die Kräuterwerkstatt ist ein wunderbarer Ort, den die vielseitige Hausherrin selbst – sie ist Kneipp-Heilpflanzenexpertin, Gesundheitstrainerin, ausgebildet in Phytokinesiologie und Medialität sowie Übergangs- & Initiationsriten-Leiterin in Personalunion – als einen der energetischsten Punkte der Erde bezeichnet. Und der Gast spürt, sieht und ahnt, was sie damit meint. Und wer das Glück haben sollte, der hier aufgewachsenen Roswitha an Ort und Stelle zu begegnen, wird etwas von der sie umgebenden Aura wahrnehmen, die sich aus einem reichen Erfahrungsschatz speist. Und das fühlt sich richtig gut an.

TIPP

Ein Besuch der 1736 errichteten Barockkapelle St. Koloman ist lohnenswert.

● Kräuterwerkstatt Teeturm, Badstraße 11, 87459 Pfronten, Ostallgäu, Tel. (0 83 63) 9 28 92 09, www.kraeuterwerkstatt.com
● ÖPNV: Haltestelle Ösch

Lukullisches Gedicht

76 „Zum Sailer" in Marktoberdorf

Wer das rund 18.000 Einwohner zählende Ostallgäuer Marktoberdorf, zu dem die Alteingesessenen immer noch liebevoll Oberdorf sagen, nicht auf dem Radar hat, weiß nicht, was ihm entgeht. Denn die höchstgelegene Kreisstadt Deutschlands hat wahrlich einige Trümpfe im Ärmel. Allein schon die 2 Kilometer lange und im 18. Jahrhundert angelegte Kurfürstenallee mit ihren Hunderten von Linden, zwischen denen die Allgäuer Alpen dem Lustwandelnden von Ferne zuwinken. Oder die wunderschöne Filmburg, eine denkmalgeschützte Perle von Kino aus den Fünfzigerjahren. Allen voran aber – Achtung, Lecker-, Fein- und Lustschmecker! – das Restaurant „Zum Sailer" mit dem Vorarlberger Haubenkoch Johannes Hirtl am Herd und als Wirt. Direkt am Marktplatz, der guten Stube der Stadt, in wohlgefälliger Nachbarschaft zum Alten Rathaus von 1723 und der spätgotischen Frauenkapelle, die seit 1478 in den Himmel ragt, findet man das Restaurant „Zum Sailer" in einem Schmuckstück von Haus, das am Ort wohl eines der ältesten ist, mit charaktervollen Stuben gastfreundlich eingerichtet – von der rustikalen Braumeisterstube über die Kurfürstenstube fürs gehobene Menü bis hin zur Schenke mit Bar. Kurzum, das ganze Interieur und Ambiente zeugt von gutem Geschmack und sicherem Stil. Das wird lediglich von dem getoppt, was die kulinarische Kochkunst auf detailverliebt angerichteten Tellern kredenzt: eine ehrliche bürgerliche Küche mit österreichischer Handschrift, die den Gaumen beglückt und dem Attribut Festessen seine sinnliche Tiefe verleiht. Von frischknackigen Salatvarianten über die geschmorte Rinderroulade und den Rote-Bete-Bergkäseknödel bis zum Wiener Schnitzel, den Vorarlberger Kässpätzle und dem steirischen Kürbiskernparfait. Hm, wie das schmeckt! Und erst die Weine – perfekt! Hier füllen Speis und Trank mit Leben, was den Gast auf der sonnigen Terrasse als Tafelspruch begrüßt: „Essen ist ein Bedürfnis, Genießen jedoch eine Kunst." Deshalb hat das Glück beim „Zum Sailer" eine lukullische Heimstatt.

TIPP

Ganz in der Nähe lädt das Naturdenkmal Kurfürstenallee (2 Kilometer lang) zum Spaziergang ein.

● Zum Sailer, Marktplatz 6, 87616 Marktoberdorf, Ostallgäu, Tel. (0 83 42) 9 69 35 77
www.zum-sailer.de
● ÖPNV: Bahnhof Marktoberdorf

J. Hiti
ab 1930 dem Fendt Traktor den Namen

Tierisch gut!

77 Milchtankstelle bei Immenstadt

Im Allgäu gibt es das Glück an ganz vielen Orten, und zwar gleich literweise. An sogenannten Milchtankstellen, die wie Zapfsäulen funktionieren. In der ganzen Gegend hier sind sie in den letzten Jahren zu Dutzenden entstanden. Unter den ersten Anbietern zählte die Familie Kögel, die ihren Grünlandbetrieb zwischen Immenstadt und Kempten in vierter Generation bewirtschaftet. Direkt am Hof befindet sich ein kleines Holzhäuschen mit einem deutlich lesbaren und freundlichen „Grüß Gott" am Giebel, darunter die Tür mit Lichteinfällen und einem Seitenfenster für hell-freundliche Innenverhältnisse im rund um die Uhr geöffneten Nahversorger. Drinnen geht es derweil recht zweckdienlich zu. Am augenfälligsten sind zwei mannshohe Geräte, die Milchtankstelle und ein Wurstautomat, die alles vorhalten, was man für eine zünftige Mahlzeit braucht – gentechnikfrei. Zum einen beste Hornmilch, die man in mitgebrachte oder vor Ort am Automaten gekaufte Flaschen individuell abfüllt. Da fließt ausschließlich frische Rohmilch – gekühlt und gerührt, nicht geschüttelt –, damit sie ihren natürlichen Fett- und Eiweißgehalt sowie alle Vitamine und Mineralstoffe behält. Das ist besonders für Allergiker und Menschen mit Laktoseintoleranz gut, schwören Kögels Stammkunden – Erfahrungen aus erster Hand. Gleich daneben gibt es Hartwürste, Schinken und Wurst im Glas sowie verschiedene Käse. Auch Eier, Butter und Honig fehlen nicht – ebenfalls gekühlt und ganz frisch. Und das Beste: Alles stammt direkt vom Hof um die Ecke. Noch besser: diese wunderbaren Geschmackserlebnisse. Allein die Milch. Mit dem ersten Schluck legt sich ein Glückslächeln ins Gesicht: Die schmeckt so, wie Milch schmecken sollte und wie man es noch aus Kindertagen kennt. Derweil strahlt einen von der Wand die „Kuh des Monats" an – mal ist es Pirola, dann Isetta und auch eine Herolia ist dabei. Ach, wenn man doch nur in der Nähe einer solchen Milchtankstelle wohnte. Denn da gibt's Gesundheit und Glück aus Milch.

● Milchtankstelle Familie Kögel, Thanners 3, 87509 Immenstadt, Oberallgäu
www.bauernhof-koegel.de

● ÖPNV: Haltestelle Thanners

Grüß Gott
24 Std.
Milchtankstelle
"Hornmilch"

Tosende Romantik

78

Scheidegger Wasserfälle

Der staatlich anerkannte Kneipp- und heilklimatische Kurort Scheidegg ist ein pittoresker Ort, in dem sich das Glück buchstäblich eingeigelt hat. Da kann die im Landkreis Lindau gelegene Marktgemeinde nicht wirklich etwas dafür, der Umstand ist ihr ungefragt in den Schoß gelegt worden. So ist Scheidegg nicht nur die westlichste Erholungsoase im ganzen Allgäu, nein, sie befindet sich auch noch in allerbester Lage. Wie das Sonnendeck eines riesigen Touristendampfers thront das heimelige Örtchen, das sich gerne ein wenig städtisch gibt, auf einem komfortablen Hochplateau überm Bodensee. Gerade deshalb ist es ein richtiges Sonnenloch. Schwarz auf weiß vom Deutschen Wetterdienst bescheinigt: Scheidegg ist der sonnenreichste Ort Deutschlands. Wassermangel kennt er dennoch nicht: Seine Wasserfälle sind ein gewichtiges Pfund, eine Touristenattraktion sondergleichen. Wildromantisch stürzt sich das eiskalte Wasser des Rickenbachs mit Gischt sprühender Kraft über zwei beeindruckende Gesteinsstufen in den Schlund der Rohrachschlucht. Gleich von mehreren Aussichtspunkten aus kann man das einmalige Naturspektakel betrachten. Drei Wege (1–3) führen durchs Gelände, von denen es vor allem der erste in sich hat: Beim Abstieg zum Tobelgrund (Tobel = enges Tal/Schlucht) bis zu 200 Meter tief wird deutlich, wie sehr sich das Wasser über Jahrtausende wie von Zauberhand in den Stein gefräst hat. Nicht grundlos zählen die Wasserfälle hier seit gut 15 Jahren zu Bayerns schönsten Geotopen. Vor allem die beiden großen stehen bei den Besuchern im Mittelpunkt, dabei hat der Kleine Wasserfall (Rundweg 1), unweit des Kassenhäuschens hinterm Streichelzoo (für Erwachsene: Wildgehege), einen ganz eigenen Charme. Über ein halbrund geformtes, steinernes Dach, an das sich mächtige Tannen mit ihren Wurzeln klammern, tost er wie aus einer überdimensionierten Gießkanne in weitem Bogen über den Fußweg hinweg in die Tiefe – und das schon seit Generationen. Zeit ist eben relativ, Glück wohl auch.

TIPP

Der skywalk allgäu Naturerlebnispark bietet u. a. einen Panoramablick in die Alpen und Bodenseeregion.

- Scheidegger Wasserfälle, Rickenbach, 88175 Scheidegg, Westallgäu
www.scheideggerwasserfaelle.de
- ÖPNV: Haltestelle Gretenmühle

Königliches Allgäu

79 Schloss Neuschwanstein in Schwangau

Vor dem atemberaubenden Panorama der Bayerischen, Lechtaler und Allgäuer Alpen liegt zwischen den Schlössern Hohenschwangau und Neuschwanstein das kleine Örtchen Hohenschwangau. Das könnte man durchaus als verschlafen charakterisieren – wenn da nicht die anderthalb Millionen Touristen wären, die das Dorf der Königsschlösser jährlich beglücken. Prachtvoll ragen die in aller Welt berühmten Gemäuer von den Burgfelsen empor, vor allem das kühn und unwirklich anmutende Schloss Neuschwanstein. Das tut zwar so, als stamme es aus dem Mittelalter, dabei ist es gerade einmal 130 Jahre alt. Nach den Vorstellungen des Märchenkönigs Ludwigs II. erbaut, thront es über der Pöllatschlucht auf der Spitze eines Felsrückens. Mit seinen zahllosen Türmen, Erkern, Ziertürmchen, Balkonen und Zinnen schwebt es strahlend weiß und erhaben über allem Irdischen. Wer dieses himmlische Elysium gebührend auf sich wirken lässt, vergisst umgehend das ihn umgebende touristische Gewusel und beginnt zu ahnen, was es heißt, wenn von märchenhafter Schönheit die Rede ist. Und das ist nur der äußere Schein – drinnen setzt sich der überwältigende Eindruck nahtlos fort – während der geführten und circa 30 Minuten dauernden Besichtigung (Eintrittskarten gibt es im Ticket Center in Hohenschwangau, nur am Tag des Besuchs). Das ganze Interieur des Schlosses wirkt wie eine einzige Kulisse, die Inszenierung einer blühenden, romantischen Fantasie. Im dritten und vierten Obergeschoss liegen die Wohnräume des Königs, zu denen auch eine Grotte gehört, die er je nach Laune in verschiedene Lichter tauchte – mal blau, mal gelb oder mal rot. Gleich dahinter ist ein Wintergarten mit traumhaftem Blick über die nahen Seen. Und überall Marmor, tonnenweise verbauter Marmor, vergoldete Säulen, riesige güldene Lüster und großflächige Gemälde mit Szenen aus germanischen und nordischen Sagen. Dem König war das Beste gerade gut genug. Das sieht man auf jeden Schritt und Tritt – für den staunenden Betrachter ein sinnliches Glück.

TIPP

Unbedingt sehenswert: die antike Römervilla am Tegelberg in Schwangau aus dem 2. Jahrhundert.

- Schloss Neuschwanstein, Neuschwansteinstraße 20, 87645 Schwangau, Ostallgäu www.neuschwanstein.de
- ÖPNV: Haltestelle Neuschwanstein Castles

Zünftige Einkehr

80 Gasthaus Waldhäusle in Waltenhofen

Manchmal gibt es Glücksorte, die man sich buchstäblich verdienen muss. Zu dieser Kategorie zählt zweifelsfrei das traditionsreiche Gasthaus Waldhäusle, seit über 80 Jahren im Besitz der Familie Binser. Auf halber Strecke von Waltenhofen nach Hellengerst im Weiler Helen liegt es – gut 1 Kilometer südlich des Naturschutzgebietes Rohrbachtobel im Wierlinger Forst, das mit zu den schönsten Wanderzielen im Allgäu zählt. Man erreicht es aber auch von Memhölz aus über eine schmale mäandernde Straße. Um bei der Zielführung auf Nummer sicher zu gehen, sollte man sich von Ortskundigen helfen lassen. Mobile Navigatoren lassen sich von Angaben wie Helen 95 ½ einfach zu leicht irritieren – auch wenn sie ein wenig an das magische Gleis 9 ¾ des Londoner King's-Cross-Bahnhofs und Harry Potters Hogwarts-Express erinnern. Natürlich haben beide nichts miteinander zu tun, dennoch schreibt die Adresse dem Waldhäusle doch etwas Verwunschenes zu. Ist man aber erst einmal hoch oben auf dem Allgäuer Hochplateau (808 Meter) angekommen, gibt sich eine traumhaft schöne Landschaft in ihrer ganzen Weite zu erkennen. Und auf Anhieb versteht der Betrachter, wieso die urgemütliche Wirtschaft schon in den Dreißigerjahren ein beliebtes Ausflugslokal war. Dabei hat es sich über die vielen Jahrzehnte hinweg durchaus verändert, was eng mit der Familiengeschichte der Wirtsleute zusammenhängt: So kam für die eigenen Kinder zunächst ein Spielplatz hinzu, später folgte ein Streichelzoo – bis heute ein Magnet für die kleinen Gäste. Besonders einladend wirkt der schöne Biergarten mit den über 120-jährigen Kastanien darin. In deren Schatten fühlt man sich pudelwohl – bei einer frischgezapften Halben und den deftigen Leckereien aus der Küche. Fleisch und Wurst sind hier hausgemacht, sie kommen aus der eigenen Metzgerei! Und übern Sommer finden im Gasthaus Waldhäusle donnerstags traditionell Grillfeste (ab 17 Uhr) mit Livemusik (ab 18 Uhr) statt – die sind so zünftig wie legendär. Dafür ist Montag und Dienstag Ruhetag.

TIPP

Hier startet ein erlebnisreicher Rundwanderweg (5 Kilometer) durchs Naturschutzgebiet Rohrbachtobel.

● Gasthaus Waldhäusle, Helen 95 ½, 87448 Waltenhofen, Oberallgäu,
Tel. (0 83 03) 2 56, www.waldhaeusle.de

Bibliografische Informationen der Deutschen Nationalbibliothek
Die Deutsche Nationalbibliothek verzeichnet diese Publikation in der Deutschen Nationalbibliografie; detaillierte bibliografische Daten sind im Internet über http://dnb.d-nb.de abrufbar.

3., aktualisierte Auflage 2024
Konzeption/Satz: Droste Verlag, Düsseldorf
Einbandgestaltung und Illustrationen: Britta Rungwerth, Düsseldorf, unter Verwendung von Bildern von © Fotolia.com: jd - photodesign.de; © iStock: Plociennik Robert
Fotos: Harald Hesse, außer:
S. 13: Scheidegg Tourismus/Wolfgang-B. Kleiner; S. 33: Allgäu Events GmbH & Co. KG; S. 39: Alpspitzbahn GmbH & Co. KG; S. 41: Muckefuck/Carmen Janzen; S. 47: Wittelsbacher Ausgleichsfond München/Vanessa Richter; S. 57: Sportstätten Oberstdorf/Eren Karaman; S. 63: Allgäuer Bergbauernmuseum/R. Lienert; S. 91: DHML Damenhüte/Thomas Gretler; S. 95: Allgäuer Schmetterling-Erlebniswelt; S. 145: Tom-W-Photography/Thomas Wroblewski; S. 147: Berggasthof Einödsbach

FSC www.fsc.org MIX Papier | Fördert gute Waldnutzung FSC® C011279

Druck und Bindung: LUC GmbH, Greven
ISBN 978-3-7700-2623-4

www.droste-verlag.de